MW01242052

J.M. Patraca

Poesía Reunida

J.M. PATRACA

POESÍA REUNIDA

THE COMPLETE POEMS

ÍCARO

EDITORES

J.M. Patraca

Poesía Reunida

©Copyright J.M. Patraca, 2016

ISBN-13: 978-1519436290

ISBN-10: 1519436297

Ícaro Editores

www.icaroeditores.com

info@icaroeditores.com

720 495 1407

©Derechos Reservados

A mi tía Elvira, quien me enseñó a vivir con la frente en alto.

Sean capaces siempre de sentir, en lo más hondo, cualquier injusticia realizada contra cualquiera, en cualquier parte del mundo. Es la cualidad más linda del revolucionario.

Ernesto "Ché" Guevara.-

PROLOGO

Conocí a J.M. Patraca en el 2009, hace seis años, en las afueras de una radiodifusora donde nos iban a entrevistar acerca del Segundo Festival de Poesía Latinoamericana que se llevaría a cabo en Denver, Colorado. Ambos íbamos a ser participantes. Nunca me imaginé que aquella mano pequeña y delgada sería capaz de ser conducto de tan poderosos versos. Yo había leído un poco acerca de él por un reportaje que publicó el Denver Post acerca de su impactante poema "Justicia por Janitors" donde el poeta exhorta al gremio del SEIU a manifestarse ante la injusticia social en éste país. En una de sus estrofas dice: *Ven en cada hispano demasiadas manos/Piensan que somos máquinas, no seres humanos/Y para que la cuña apriete más fuerte/Nos ponen a un coterráneo como nuestro jefe (...)*

La poesía de Patraca deja de lado los pétalos de rosa y toma las pancartas, las manos callosas, la voz flagelada del pueblo, la revolución... Cada poema es como una historia. Algunos desgarradores pero épicos. Otros a ras de suelo, muriendo, pero aferrados a la vida por conducto de un instinto nacido de las entrañas del verso mismo.

La poesía, la lírica narrativa y el sentimiento humano convergen en un mismo llano. Éste escueto, abierto, donde la voz del poeta hace eco en el escampado del todo y de la nada; en lo alto del cielo y en la sima de la tierra misma. La voz de Patraca entonces se hace hosca, demandante y sedienta de justicia, pero no es la voz ya bien conocida del activista y poeta, sino del humano herido, del hombre en clamor por la injusticia; la voz del juglar que esparce su canto de dolor en una tierra ajena, en un paraje extraño.

En su primera entrega poética, *32 Biografías Para Gente Sencilla*, el autor hace un íntimo homenaje a todo aquello que lo constituye como ser humano en un mundo parcial e injusto. Le preocupa la desigualdad y la confronta con una voz sobria y enhiesta. Sabido de que la palabra es su única defensa, se atrinchera en la poesía y espeta entonces en cada verso una nueva propuesta o un rechazo a los artilugios ignominiosos de las políticas o a los cánones de una sociedad que le ha dado la espalda en más de una ocasión. Sea cual fuere el caso, el poeta se afronta con coraza y yelmo cual quijote social no a afrontar molinos de viento, sino a hacer frente a un sistema viciado que amenaza con condenarlo cada vez más a formar parte de la horda social de conformistas.

Dentro de las páginas que nos convocan a esa lectura, encontramos que cada poema es una biografía idealista, una demanda y un grito desgarrador que reclama justicia. Biografía en la retorica metafórica y humanista, cada poema es un discurso y una declamación; un grito ahogado y un duelo; un llamado de atención a la justicia en un mundo donde la balanza cae cada vez más a los abismos de la deshonra. 32 Biografías Para Gente

Sencilla es pues un clamor a luz y una apología a la honradez y a la cada vez más inasible sencillez humana.

Había pasado solo un año de la publicación de su primer libro, cuando recibo una llamada. Aquella voz lánguida y letárgica era inconfundible. Patraca me decía que ya había terminado de escribir su segundo libro. "Es una especie de continuación del primero", me dijo. Me gustaría publicarlo. No me sorprendió que en poco tiempo la poesía haya madurado sin embargo, su estilo seguía intacto: poesía con voz, verso libre, estrofas bien construidas, un lenguaje lacónico salpicado de palabras brutalmente cultas. Pensé entonces en el gran valor de la originalidad en el sentido de que hoy día ser original es muy raro. Todos quieren ser como alguien, casi todos siguen una moda y quieren ser como este o como aquella y de repente nos enfrentamos con un mundo de clones mal hechos.

En este caso, tanto el poeta como su obra han resultado tener originalidad. Hablar de J.M. Patraca es hablar de un ser complejo; de una alma sencilla pero de un espíritu gigante; de un hombre que pareciera pasar desapercibido entre la multitud pero que su luz se percibe por la fuerza de su sencillez como ser humano.

Una anécdota de esos días con Patraca sucedió como casi todo con él, por generación espontanea. Emocionado le hablaba yo de la poesía de algunos de los grandes. Él me miraba con atención. En eso se me ocurre comentarle a cerca de algunos autores cuyo nombre literario son las dos primeras iniciales de su nombre. Le mencioné a J.D Salinger, D.H. Lawrence, J.M. Coetze... entonces le digo, qué te parece si en vez de Juan Manuel Patraca te ponemos como nombre literario J.M. Patraca, igual que los grandes. Me miró a los ojos y con esa fidelidad que le caracteriza me contesta, sí, me gusta. Hay que poner mi nombre así de ahora en adelante.

En aquella ocasión cuando el poeta me llamó para que leyera su nuevo libro, después de haberlo editado le pregunté que si podía escribir su prólogo a lo que me contestó con gran emoción que sí. Esto es lo que escribí entonces:

De los adentros de un corazón revolucionario se escuchan ráfagas. No son balas, son palabras. No es fuego, es la voz del poeta. Una voz cargada de sentimientos y de sed de justicia. Justicia por aquellos quienes menos, aquellos que decidieron no formar parte de la horda de subyugados y sumisos.

J.M. Patraca se hace escuchar con una voz ofuscada por la injusticia y avivada por el arraigo de sus ancestros: aquellos de su tierra natal y otros más de la tierra adoptada. Una voz que sale de las entrañas de un espíritu insurrecto al mando de los de abajo; de la clase marginada: aquella que es menospreciada y vulnerable como resultado final de una sociedad capitalista.

Rimas, Líderes: Patraca es un himno a aquellos personajes que aportaron a la libertad social en un mundo vilipendiado como producto de una sociedad en decadencia.

En su tercera entrega poética, que el autor titula —con la originalidad que le caracteriza— *Asuntos Varios: Patraca*, publicada por esta misma Casa Editorial, J.M. Patraca nos entrega un nuevo pliego de poemas llenos de él, de su espíritu, de su intima gloria y de su pericia como peregrino en un mundo injusto y cada vez más viciado. Esta vez, empero, nos sorprendió su capacidad de narrar con versos, y en ocasiones con rima: retórica convertida en poesía a luz de la palabra escrita por su pluma.

En *Asuntos Varios: Patraca*, la poesía nos lleva por senderos distintos a los antes trazados por dos libros que casi complementan a éste como una trilogía poética —algo no antes visto. El hilo invisible de protesta continúa su hebra y nos toca el alma, pero esta vez nos habla de su intimidad, de sus tratados personales. En el Poema "A mi Padre", el canto humano es desgarrador, honesto, con una sencillez caracterizada en Patraca aunque de repente nos deslumbre con ese peculiar uso de palabras grandes que son como la huella dactilar en su poesía, en su estilo de escribir versos.

En parte, este poemario es un recorrido personal, donde concurren sus progenitores en primer plano, seguidos de otros familiares y amigos, de amoríos fortuitos, de tertulias y de anécdotas. También aparece su Veracruz inolvidable parada en el faro de un puerto antiguo con una luz heroica y una carga de sentimientos no antes vista; con olor a queso fresco, a hoja de plátano... a tamales.

Se nota que Patraca no se ha recuperado de la nostálgica distancia, tanto geográfica como cronológica. El tiempo ha dejado mella en el andar del poeta, pero por gracia divina, llora, y en ese llanto germina la semilla, el verso... dando luz a la poesía.

Se nos hizo interesante a ambos, de esta forma, hacer un libro que reuniera toda su poesía en un solo volumen. De esta manera el lector podrá entender mejor el mundo poético y enigmático del autor y podrá tener esa "trilogía" histórica y revolucionaria en sus manos. *J.M. Patraca: Poesía Reunida* es entonces tres libros en uno solo y es también la antología completa del autor en su andar poético por la tierra. Con seguridad al leerlo en su totalidad se podrá uno adentrar al alma de ese ser cuya retórica lirica fluye por sus venas y rebota en esa voz que con la fuerza del trueno despierta la conciencia al declamar su poesía.

Arturo García

Denver, Noviembre del 2015

PROLOGUE

I met J.M. Patraca in 2009, six years ago outside of a local radio station where we were going to get interviewed about the Second Festival of Latin American Poetry to take place in Denver, Colorado. We both were participants. I never imagined that that tiny hand would be a conduct to such powerful verse. I had read a bit about him from an article in the Denver Post. The article talked about his impactful poem "Justice for Janitors" where the poet exhorts the workers from SEIU to manifest themselves against social injustice in this country. In one of his stanzas he says: *They see too many hands in each Hispanic/They think we are machines, not human beings/ and so that the wedge make more pressure/They appoint a fellow-countryman as our manager (…)*

Patraca's poetry sets aside the rose petals and takes the banners, the callous hands, the lashed voice of the people, the revolution… each poem is like a short story; some are heartbreaking but epic. Others are grounded, dying but holding on to life by an instinct rising out of the verse itself.

Poetry, the lyric narrative, and the human feeling converge in the same plane; this one simple, open, where the poet's voice echoes out in the open field of everything and nothing; high in the sky and low in the depths of the center of the earth. Patraca's voice becomes sullen, demanding, and thirsty for justice, but that isn't the voice of the well known activist and poet, but of the wounded human being, of the man in moan for justice: the minstrel's voice spreading his painful song in a foreign land, in a strange setting.

In his first poetic delivery, 32 *Biographies of Humble People,* the author makes an intimate homage to all that constitutes him as human being in a biased and unjust world. Inequality worries him and confronts it with a sober and upright voice. Aware that words are his only defense, he entrenches himself behind poetry and blurts out in each verse a new proposal or a rejection to the ignominious gadgets of politics or the norms of a society that has torn its back on him on more than one occasion. Whatever might be the case, the poet confronts the world with chest armor and sword like a social Quixote, not to confront wind mills, but to confront a vicious system that threatens to condemn him more each time to become part of the social mob of conformists.

Inside the pages that gather us to this reading, we will find that each poem is an idealist biography, a demand and a crying call that demands justice. Biography in the rhetoric and humanitarian metaphor, each poem is a speech and a recital; a drowned scream and a duel; a call to justice in a world where the scale falls to the abyss of dishonor. 32 *Biographies of Humble People* is a moan and an apology to honesty and to the each time more unreachable human humbleness.

One year had passed after the publication of his first book, when I get a telephone call. That gloomy and lethargic voice was unmistakable. It was Patraca telling me he had finished writing his second book. "It's kind of a continuation of the first one," he told me. I would like to publish it. It didn't surprise me that in such a short time his poetry had matured, and his style remained untouched: poetry with a voice, free verse, well constructed stanzas, a laconic language spiced by brutally-cultured words. I thought then of the great value of originality in the sense that in today's world to be original is very rare. Everyone wants to be like someone, most follow a trend and want to be like him or her and all of a sudden we are against a world of poorly copied clones.

In this case, both the poet as well as his poetry has originality. To talk about J.M. Patraca is to talk about a complex being; a simple soul with a gigantic spirit; a man who would seem to come unnoticed in the crowds but whose light is felt by the strength of his humbleness as a human being.

An anecdote from those days with Patraca happened as most things happen with him, by spontaneous generation. Full of emotion, I was talking to him about some of the great poets. He looked at me with attention. It then occurs to me to tell him about authors whose literary name is composed by the initials of their first two names such as J.D. Salinger, D.H. Lawrence or J.M. Coetze, so I tell him, how about if instead of Juan Manuel Patraca we sign you as J.M. Patraca, just like the big ones. He looked at me with the trust that characterizes him and he answers, "yes, I like that. Let's sign my name that way from now on."

On that occasion, when the poet called me to read his new book, after I had edited it, I asked him if I could write him a prologue to what he answered with great emotion, "yes." This is what I wrote about his book then:

From the depths of a revolutionary heart, gun blasts are heard. They are not bullets, they are words. It isn't fire, it is the voice of the poet. A voice loaded with thirst for justice. Justice for those who have less, those who decided not to be part of the mob of subjugate and submissive people.

J.M. Patraca speaks with a voice dazzled by injustice and enlivened by the roots of his ancestors: those from his native land and also those from his adoptive country. A voice that comes out of the depths of a rebel spirit fighting for the underdog; the marginalized class: the one who is looked down to; vulnerable as result of a capitalist society.

Rhymes, Leaders: Patraca is a hymn to those characters who contributed to social freedom in a vilified world as result of a society in decadence.

In his third poetic delivery, which he titles — with the originality that characterizes him — *Several Issues: Patraca*, published by this editorial house, J.M. Patrca delivers to us a new set of poems full of him, of his spirit, his intimate glory and his expertise as a pilgrim in un unjust world. This time, however, we were stunned by his ability to narrate with verse, and in a few occasions with rhyme: rhetoric converted into poetry in light of the written verse by his hand.

In *Several Issues: Patraca*, his poetry takes us to different trails from the ones set before by two books that almost form a poetic trilogy—something unseen before. The invisible line of protest continues its thread and touches our soul, but this time he talks about his intimacy, his personal treaties. In the poem, "To My Father", the human song is ripping, honest, with the humbleness characterized in Patraca's verse, although he sometimes tries to enlighten us with his peculiar choice of big words that are like the fingerprints in his writing, the originality of his writing and his style are unique.

In part, this poetry book is a personal journey where his progenitors gather in first place, followed by other family members and friends, random love encounters and social gatherings come to the calling. His longing Veracruz also appears in the background; standing on top of an ancient port with a heroic light and a thousand feelings never seen before; smells of *queso fresco* and banana leafs… of tamales…

You can tell that the author hasn't recovered from the nostalgic distances, both the geographic one and the chronological one. Time has left a mark in the poet's journey, and by divine grace he cries, and in that crying the verse and the seed of creativity converge… to allow poetry to germinate.

We thought it would be interesting to make a book that collected all his poems in one volume. This way the reader could better understand the poetic and enigmatic world of the author and could have at once the historical and revolutionary "trilogy."

J.M. Patraca: The Complete Poems, is then three books in one and it is also the complete author's anthology in his poetic walk on earth. Surely, by reading this book in its entirety one will immerse in the soul of the poet whose lyrical rhetoric runs through his veins and bounces out through his voice, as powerful as a thunder, awakening the conscience of those who hear him recite his poetry.

Arturo García
Denver, November, 2015

Introducción del autor

Hace 17 años comencé la odisea. Me embarqué en ese tren sin pagar pasaje, sin llevar un centavo en mis bolsillos, sin traer conmigo un itacate, sólo algunos tepalcates. Viví en la calle. Mis amigas fueron unas desvencijadas sandalias. Pidiendo un aventón salí de Veracruz, llegando la tarde. En cinco días arribé al Río Suchiate, frontera natural con Guatemala. En Puerto Madero platiqué con los lugareños, gente de buena porfía, cansados y los brazos llenos de leños.

Con la noche de compañera y el hambre a cuestas toqué Acapulco, Guerrero. Me decían turista. Me preguntaba en mis adentros ¿Qué turista y vagabundo no es lo mismo? Volví a platicar con la gente sencilla, la gente del pueblo. Entonces sus enseñanzas no las olvido jamás.

De la frontera sur salí del Río Suchiate hasta alcanzar la frontera norte de Tijuana, haciendo escala donde me sorprendiera el hambre o las inclemencias del tiempo. Fui huésped sin itinerario de Ciudad Victoria, Reynosa y Nuevo Laredo, Tamaulipas. Ciudad Acuña y Piedras Negras, Coahuila. Agua Prieta, Sonora. Delicias y Casas Grandes, Chihuahua.

En todas las fronteras, platiqué con la gente de las maquiladoras. Vi Cristos mutilados, ángeles caídos, diablos y demonios en pueblos fantasmas; personas de buena voluntad caminando en cómales al rojo vivo. Inmigrantes desplazados por la guerra, inanición e inquisición.

Agua Prieta, Sonora, fue el santuario de los chiapanecos cuando la revolución Zapatista, conviviendo con el desierto cuando a la selva estaban acostumbrados. Allí mismo conocí a un hombre cuyo apodo era el "Gato" y un chiapaneco cuyo nombre no recuerdo y que decía: "tú eres mi amigo, mi hermano, amigos para siempre".

Quiero hacer hincapié y agradecer a todas las personas que se fusionaron para la realización de este proyecto y que sin su apoyo y su comprensión hubiese sido imposible llevarlo a cabalidad. El hincapié al cual me refiero estriba en que cuando he conversado con cualquier ente en el universo y me he llevado una mano amiga, una lágrima de cristal o una mirada obscura, manifiesto: todo se lo debo a usted.

Entonces piensan que los ofendo con sutileza, pero no es así, porque cuando les digo que todo se los debo a ellos es porque todos somos, *Amigo Manuel*, *Tío Francisco*, *La Madre de un Inmigrante*, etc. Sin la existencia de ellos, estas biografías no aparecerían porque yo sólo soy un vehículo donde en un instante (x, y), las palabras merodeaban en mi mente, las lacé, las acorralé y llevé sus vidas a plasmarlas en estos trozos de papel. Sin ellos no existo yo, porque honor a quien honor merece.

Viva la raza, viva la especie humana que se atrevió a luchar en contra de las injusticias y que nos heredó un mundo mejor que el que ellos encontraron. Hermanas y hermanos, de este átomo proletariado mundial, no claudicaremos hasta que nuestros adversarios reconozcan nuestros derechos laborales, que por justicia divina, universal y humana, nos corresponde.

Sigamos denunciando injusticias porque yendo en contra de ellas, construiremos un mundo mejor y siempre, siempre, tendremos razón.

Introduction by the author

Seventeen years ago I started the odyssey. I embarked on this train without a ticket, without a cent in my pockets and without a meal. While living on the streets, my only companions were a pair of torn up sandals. I left Veracruz and later asked for a ride that took five days, and in the last afternoon, I came across the Suchiate River, which is the natural frontier between Mexico and Guatemala.

In the port of Madero I spoke to the locals, people of perseverance while they carried firewood in their tired arms. The night was my companion and with an empty stomach I made my entry to Acapulco in the state of Guerrero. I was called a tourist, and I asked myself: Is a tourist any different from vagabond?

Once again, I met simple people, community people, and ever since I have remembered their teachings. From the southern frontier I left the Suchiate River until I reached the northern frontier in Tijuana. I stopped for food or to seek shelter from bad weather.

I was a guest without itinerary in Ciudad Victoria, Reynosa and Nuevo Laredo, Tamaulipas; Ciudad Acuña and Piedras Negras, Coahuila; Agua Prieta, Sonora; Delicias and Casas Grandes, Chihuahua.

In every frontier I talked to people from the big factories. I also saw the mutilated Jesus, fallen Angels, Devils and Demons.

All in ghost towns; as well as persons of good will that walked as if on red-burning ceramic plates. Immigrants displaced by war, starvation and inquisition.

Agua Prieta, Sonora was the sanctuary of the Zapatista Revolution break out. It's there that I met a man nicknamed "The Cat." He was from Chiapas, but I do not remember his real name. He would say: "You are my friend, my brother, my friend forever."

I want to sincerely thank every person who contributed to the realization of this project. Without their support and their understanding it would have been impossible to complete this work.

The emphasis should stress that whenever I have spoken with any entity in the universe and I have held a hand of a friend, a teardrop, or a secret gaze; I manifest, "I owe you everything." Therefore, thinking that I offend with subtlety, it is not me because when I say I owe them everything, that is the reason why we all are *My Friend Manuel, Uncle Francisco, The Mother of an Immigrant.* Therefore without their existence, these biographies wouldn't be here, because I am only a vehicle where in an instant (x,y) the words floated in my mind. I lassoed them; I corralled them and took their life to put it on these bits of paper, without them I wouldn't exist. Honor to him who deserves honor.

Viva la raza, long live the human race which dared to fight against injustices so we could inherit a better world than that which we come into. Brothers and Sisters, from this worldly working atom we will demand our working rights until our adversaries recognize that it belongs to us. Let's continue to denounce injustices, because rising against them, we will build a better world and always be right.

32 BIOGRAFÍAS PARA GENTE SENCILLA

(POEMAS ESCRITOS DE JUNIO DE 2008 A DICIEMBRE DE 2009)

Autobiografía

Mi nombre es Juan Manuel Patraca Carmona
Nací en la Venta, Municipio de Purga, Veracruz, México
Bañado por el Río Jamapa, pequeño pueblo
Caminata al rio, caída de un caballo, de mi infancia recuerdo

Gente sencilla de plática amena, sus habitantes
Rallando el sol, a labrar la tierra, itacate en mano
Al ocaso de la tarde, las siluetas marchaban
Cogollos de esperanzas y vida, ensalzaban

Allí, transcurrieron cuatro años de mi azarosa vida
Después, despojado de mi tierra-herencia
Asilo político en el puerto de Veracruz, encontramos
Con un herrero, empecé a trabajar desde los cinco años

Familias de 10 hermanos la conformaban
Mi madre, padre y madre a la vez, ¡qué batalla!
Mi padre nos dijo adiós a los treinta años
Cuando más necesitaba su consejo paterno

En la heroica Veracruz, con sones jarochos y malecón
Entre pedigüeños y jugadas de fútbol la vida siguió
Conocí todo el estado, entregando mercería
A grandes rasgos, esto es un trozo de mi vida.

Bondadosa Patria

Bondadosa Patria

En el extranjero no te olvido, se agiganta mi nostalgia

Me enamoro sin medida de ti a cada día que pasa

Recorrí en autobús y a pie tu geografía desquiciante

Tus curvas peligrosas de dama hermosa, apasionante

Bondadosa Patria

Género femenino de belleza sin igual, por tus océanos perfumada

Es permanente tu imagen en mi, pienso en ti, mi mente se extasía

Sin duda fuiste elegida y bendecida por Dios, desde la creación

En ti su bondad dejó a su mejor representante, nada escatimó

Bondadosa Patria

Dulcinea honesta, de insuperable ternura y verdad

Noble, inigualable y mujer tentadora, maravillosa

Madre, que con inexplicable bondad, en tu regazo acoges

Sin discriminar a ninguno de tus hijos, a ciegas recoges

Bondadosa Patria

Con labor, sudor de esfuerzo en sus frentes, queda fértil la tierra

Lluvia bendita, se fusiona con el suelo, las cosechas llegan

Propios y extraños; materia prima de tus campos benignos

Haciéndoseles agua la boca, degustan con mucho regocijo

Bondadosa Patria

Bendito nombre, por tus ancestros enaltecida, cuya derivación

Proviene de la palabra paternidad ¡qué sublime fusión!

Término en donde el padre y la madre se amalgaman

Resulta este concepto cuando coquetean y se enamoran

Bondadosa Patria

Binomio que desemboca en implícita e inalterable humildad

Sello distintivo, rubrica personal e inalterable caridad

Joya valiosa, metal precioso, en tu deslumbrante vientre

Concentro mi pensamiento, ignorando a mis oponentes

Bondadosa Patria

Te acaricié, palpé tu piel árida con mis pies descalzos

Por enésima vez, acudí a la piel rugosa de tus desiertos

Todo mi cuerpo se fundió en tu dermis, humedad profunda

Manipulé el entorno suavizante de tus arenas con suma paz

Bondadosa Patria

Experimenté en orgasmos sucesivos la alegría, el festejo

Proponerme no descansar, hasta conquistar tu mas alto cerro

Navegué en todos tus litorales, me apoderé de tu luna llena

Tu astro romántico me beso en tus noches bohemias

Bondadosa Patria

Ayer desperté en otro lugar y no sentí el beso en las mejillas

De tu brisa de mar, de tus atardeceres, de tus madrugadas
Extraño tus comidas, la plática amena, tu saludo sincero
Cómo poder subsistir sin el contacto de tu incomparable gente

Bondadosa Patria
No niego que la vida es fácil aquí y hay mucha tecnología
Añoro las cosas que hay en mi tierra natal, mi credo es amarla
Cuan separado voy a estar de mi patria abnegada, desconozco
Ser partícula de átomo en tus madrugadas, ansió con sinrazón

Bondadosa Patria
Las canciones de Agustín Lara, por "Toña la Negra" cantadas
Hoy como nunca, su interpretación me apasiona, me enamora
Tu folclor nacional y el mariachi, tus artistas han diseminado
Cuando escuchan tu música vernácula, miles han llorado

Bondadosa Patria
Jorge Negrete, José Alfredo, Pedro Infante y demás
Con orgullo nacionalista, han alcanzado una estrella
Eres el ombligo del mundo, tu alma es artista: México
Quijote de mil batallas, conquistas a propios y extraños

Bondadosa Patria
Con tus tribus, dueña absoluta de un mosaico florido
Desde antiquísimo tiempo y espacio, habitando tu digno suelo
Los Yakis, Kikapues y series en el desierto sofocante

Reductos de los Olmecas y Lacandones, en tu selva exuberante

Bondadosa Patria
Raramuris, pies ligeros, resistencia como no ha habido ninguna
Ellos son privilegiados, viven cerca de Dios en las alturas
Aztecas y Mayas edificaron místicos y ricos imperios
Cultura e historia impresionante al mundo han legado

Bondadosa Patria
Tu historia épica; con sublime respeto, sumisión y pleitesía
Hoy le rezo. Está preñada de abundante patriotismo e hidalguía
Eruditos, reyes, emperadores, esclavos y pueblo la forjaron
Estoy seguro que se logró a fuerza de batalla, piedra y marro

Bondadosa patria
La sangre de tus intrépidos héroes: indios, españoles y mestizos
Fertilizó tu bendito suelo, en rosa exquisita germinó
Libraron contra el conquistador, mil encarnizadas contiendas
Para conseguir librarse de la esclavitud de las cadenas

Bondadosa Patria
Con suma justicia al sacerdote: Don Miguel Hidalgo y Costilla
Se le guarda y venera, como al padre de la patria, hasta hoy día
Sus ideales liberales lo ungieron como el pionero o el precursor
Con campanadas al pueblo, convocó e inició la revolución

Bondadosa Patria

Exhaustos de observar por el invasor, injusticias aberrantes

En líderes incansables de la revolución libertaria se convierten

En casa de la Sra. Josefa Ortiz de Domínguez "La Corregidora"

Para conspirar había curas, militares: Hidalgo, Allende y Aldama

Bondadosa Patria

En 1821 festejaron la entrada del ejército, pueblo entero y curas

Madre, pedazo de cielo, ese día te viste libre de ataduras

Amo tus puestas de sol, tu luna llena, todos tus menguantes

Tu cálida arena, tus tempestades y tu sol insoportable

Bondadosa Patria

Amo tus altezas del pasado: Cuauhtémoc, Cuitlahuac, Moctezuma

Cuauhtémoc no entregó el oro, le torturaron hasta las uñas

Amo a tus indios, que en todas las luchas se distinguieron

Por fieros guerreros avasallantes, su valor era alma de acero

Bondadosa Patria

México, tienes en Zapata esencia y espiritualidad a un apóstol

Iniciando así la Revolución Mexicana, combatiendo al mal gobierno

Dignificando al indio, proclamando "Tierra y Libertad"

Su único afán, pelear con fe, ahínco y corazón todas las batallas

Bondadosa Patria

Francisco Villa, épico personaje con su *"Mátalos Después Viriguas"*

Testigo fiel de sus cruentos encuentros, la sierra de Chihuahua
Con sus Centauros del Norte; magno, imponente, enorme caudillo
Tu tumba profanaron, pero antes malditos te traicionaron

Bondadosa Patria
Hoy me encuentro lejos de tus variados climas y tus lindas playas
Ufano estoy de ser mexicano y llevar sangre mestiza en mis venas
México, que recibe al extranjero con amistad y esparcimiento
Escuchar a un paisano, renegar de su tierra me irrita al infinito

Bondadosa Patria
A esos vástagos infieles que niegan tu maravilloso nombre
Por sus ingratitudes, ser quemados en la hoguera merecen
Postrado de hinojos te pido no derrames lágrimas por parias
Porque no fueron hijos honestos, leales a ti, bondadosa patria.

Justicia por *Janitors*

Estados unidos, país de inmigrantes
Potencia mundial, beligerante
Que hace alarde de justicia y paz social
Nación de sueños, donde encontrarás el éxito total

De nuestro lugar de origen emigramos
Con una sublime ilusión, en el corazón, en las manos
Dejando familias, ancestrales costumbres
Sorteando en el trayecto, mil vicisitudes

Nosotros aquí, nos sentimos privilegiados
Pero por favor, no olvidemos a nuestros hermanos
Que siguiendo este mismo sueño americano
Allá en la frontera, en sueño eterno han quedado

Sin un cinco en los bolsillos llegamos
A instalarnos en nuevo hogar procedemos
Si alguien nos espera, en casa del familiar o compañero
Si no la calle o *Samaritan House*, será el puerto cercano

Triunfar a cualquier precio
Buscar trabajo en martirio se convierte
No hablamos ni un ápice de inglés
Somos discriminados por nuestra gente

Por fin en el trabajo instalados
Damos gracias a Dios, lo hemos logrado
Nuestros patrones, piel de oveja nos muestran primero
Pero son fauces siniestras, de lobos desalmados

Ven en cada hispano demasiadas manos
Piensan que somos máquinas, no seres humanos
Y para que la cuña apriete más fuerte
Nos ponen a un coterráneo como nuestro jefe

Desafortunadamente, nosotros damos pauta
Para que lo piensen, con demasiado efecto-causa
Nos jactamos de que en los Guiness debemos de estar
Para hacer cualquier cosa, somos más veloces que Superman

En el área de trabajo, mi paisano
Se convierte en mi más acérrimo enemigo
Como capataz, ni en la inquisición lo he de encontrar
Si repelo de su injusticia, mi anhelo quebrantará

Compañeros, paisanos, amigos, no olvidemos
Organizarnos nuestra fortaleza, el fiel camino
Somos las manos de Dios, desde la creación
El soporte indiscutible, de esta enorme nación

Despertemos de este sueño taciturno

No dejemos que gane la impunidad en este mundo

Manifestando con fe y con valor en las calles

¡Justicia ya! respeto a nuestras garantías individuales

Hermanos, con justicia por janitors a la vanguardia

Aprovechando la enseñanza compartida

Escudriñando nuestro legal contrato

A la impunidad e injusticia, démosle un golpe de tajo

Estamos aquí, hermanos, somos humanos no invisibles

Con una pancarta en las manos, somos invencibles

Organicémonos con SEIU en honda idea, en un solo átomo

Luchemos unidos con férrea pasión, en noble causa, como un sólo

corazón.

Hermanas, hermanos:

No claudicáremos. Hasta que nuestros adversarios reconozcan nuestros

derechos laborales, que por justicia divina, universal y humana nos

corresponden. Sigamos denunciando injusticias, haciéndolo así

construiremos un mundo mejor y siempre, siempre nos asistirá la verdad

y la razón.

Diablos y demonios

Mi asistente de supervisor

Es un ser nefasto y cruel

Capaz de cometer la peor aberración

Quiere convertir el área de trabajo en burdel

Mi asistente de supervisor

No vacila a cada instante, amenazar

Con alevosía, ventaja y dolo

Se jacta, de nuestro contrato quebrantar

Mi asistente de supervisor

¿De dónde saldría este engendro del mal?

Quizás de las figuras amorfas de Botero

O de la imaginación prodigiosa de Marcial

Mi asistente de supervisor

¿Quién lo pudo inventar o crear?

Los genios gringos se consideran su tutor

Porque nefasto-ente, ni Dante lo podría idear

Mi asistente de supervisor

Sus armas las tiene desenfundadas

El chisme, mentira, cobardía, y difamación

Ante la verdad, se vierte en ángel con alas

Mi asistente de supervisor

Se transfigura con facilidad

En "chupa verjas" y el Salinas andrajoso

Alcanzando éxito, con delincuente en potencia

Mi asistente de supervisor

Se autodenomina "Víctor Satanás"

Cuyo padre es sin duda "Héctor Diablo"

Fusionados, son una lacra para la sociedad

Mi asistente de supervisor

Es un tipo desquiciado a punto de locura

Cuando le reclamo su injusta acción

Babea, tuerce el hocico, pierde la poca cordura

Mi asistente de supervisor

Posee degradable ponzoña

Si lo ves, no establezcas comunicación

Su veneno es *zurrada* que ni el zorrillo supera

Mi asistente de supervisor

Se considera un ser omnipotente

Mi gente, tiene moraleja esta narración

Si quieres vencer a este tipo displicente

De tu legal contrato serás arduo lector
Enfrentarás al cobarde, con arrojo y valentía
Pataleará, balbuceará, monosílabo
Y en su propio vómito se petrificará

Compañeros, hermanas y hermanos
Nuestros diablos tienen fisonomía hispana
Que insulto y descaro ¡decir que son mexicanos!
Verdugos, aniquiladores de su propia raza

Amigos, para los gringos importantes somos
Siempre pensando en nuestro futuro
Desdichados gringos clonaron a los demonios
Veo que en cada compañía hay más de uno

Pero no se preocupe, compañero
Cualquier relación con la realidad
Si convive con fantasmas o espectros
Es porque nos aman tanto y coincidencia vital

Sé que hay más de uno en cada compañía
Aberrantes acciones, con diferente nombre
Violaciones al contrato, es orden del día
¡Ánimo! Venzamos a estas bestias prepotentes.

Un día sin inmigrantes

Justo hoy, el año 2006 en el primero de mayo
Decretaron en los Estados Unidos los inmigrantes
Un día sin mexicanos, en toda la nación
Para que no piensen, que somos extraterrestres

Despierto, empiezo mi día cotidiano
Voy al supermercado, hago la compra
La magna obra de mi raza de bronce, no veo
Sólo al empresario, lleno de impotencia

Todos al grito unísono, estamos reunidos
De la calle 29 y Federal, partirá la marcha
En el lugar acordado, Parque Vikingo
La raza se congrega alegre y sin demora

Para estacionarme busco un vacante lugar
Lejos tuve que irme, con suerte no corrí
Al contingente, me reuní como a las 10:00 de la mañana
Con la voz de exigencias libertarias conviví

Con un nudo en la garganta de emoción
La multitud gritando consignas libertarias
Uniendo a ellas mi voz, como un sólo corazón
¡Sí se puede! ¡Viva Cesar Chávez! ¡Justicia ya!

Al interminable contingente lo conformaban
Poetas, anglosajones y en su mayoría obreros
Llegamos al centro desde la periferia
Un pueblo de inmigrantes, de justicia sediento

En el entusiasta camino, encontrábamos
Minorías de aberrantes, anti-inmigrantes
También simpatías, de anglosajones hermanos
No podían faltar conservadores atacantes

Nuestro punto de llegada: el capitolio
Sorprendidos, pues la muchedumbre, incontable
La policía conservadora, atenta observando
Desde M.L.K. no veían el clamor de inmensa gente

Todos a una misma voz, exigiendo y reclamando
Lo que por decreto universal nos corresponde
Justicia y dignidad, somos seres humanos
Qué les cuesta ser personas condescendientes

En el parlamento, hoy primero de mayo, a los legisladores
En una sola oración elevamos exigencias
Que reforma migratoria promulguen
Justa, ecuánime, imparcial, humana

Reforma migratoria

Señores legisladores del parlamento
El pueblo hispano de justicia esta sediento
Les pide que aprueben reforma migratoria
Transparente, justa, humana, imparcial

Compañeros, de la sombras salgamos
Con ánimo redoblado, marchemos y gritemos
En contra de republicanos anti-inmigrantes
Somos dignos trabajadores, no criminales

Con letras de oro está escrito este primero de mayo
En Estados Unidos hubo un boicot nacional hispano
Discriminatorias leyes, emitieron estadounidenses
Lo que lograron fue, que este gigante se despierte

Alegan, discuten; residentes y ciudadanos
Que arribamos para dejarlos desempleados
Sin escrúpulos nos llaman extraterrestres
Amadores de sí mismos, que se creen decentes

A los estadounidenses les recuerdo nada más
Que hacemos los trabajos, que ellos rechazan
Los legisladores emiten leyes anti-inmigrantes
Refuten al gobierno: ¿dónde están nuestros *taxes*?

En Estados Unidos fue impredecible este primero de mayo
De ermitaños a inmigrantes dignos
Reclamando a paso firme en las calles
Al grito: trato justo, humano, ecuánime

Compañeros, coterráneos, nada más les pido
No descansemos, hasta lograr el objetivo
En este país vecino, lograr legal estadía
Por decreto, humana, universal, divina

Somos las manos de mundos constructoras
Ya despertaron al gigante de nueva cuenta
Para exigir justicia, trato justo, despertó
La voz del pueblo en voz de Dios se convirtió

Señores del parlamento legisladores
Cuando decreten leyes anti-inmigrantes
Piensen si fueran inmigrantes, un segundo
Dejen de ser egoístas, no son dueños del mundo

Compañeros, paisanos, amigos
Los derechos no se suplican como un mendigo
Se exigen con valor y en la mano una pancarta
Organizados, ganaremos la batalla

Ché Guevara

Desde de infante, te preguntabas

¿Por qué tanta injusticia y desigualdad?

A tu nana, un aluvión de preguntas

Que para ella, imposible responder

Entre escuela, casa y juegos de compañeros

Llena de aventuras, tu vida transcurrió

Antes de terminar la universidad

Con Granado y la poderosa izaste bandera

Empezó todo, con afán aventurero

Visitar lugares que estaban en los libros

Más de cincuenta veces fueron las caídas

En Chile "la poderosa" hizo su despedida

En el "indio" de sus tierras despojado

En el rostro de la pareja de mineros

En los leprosos de abundante humildad

Emergió tu impotencia y palpó tu humanidad

Aquel aventurero Argentino

Desde ese momento, no volvió a ser el mismo

Un cambio de raíz, fraguó en su mente

Combatir al imperialismo cueste lo cueste

Tu debut fue en Guatemala
Fue efímera, no era lo que esperabas
En la embajada Argentina, asilo te dieron
De ahí, a México te transfirieron

En México, instalados con Hilda
Como fotógrafo te desempeñabas
Cantinflas, tu cómico admirado
En tus paseos encontraste a Fidel Castro

Fue el principio de interminables pláticas
Común denominador, a los cubanos liberar
De Tuxpan, Veracruz zarpan con 82 guerreros
En El Granma avanzan, equipados

Enfermos, un percance antes de llegar a la isla
El Granma agua se hace, naufraga
Nadan hasta la isla, con equipo bélico
Y su líder espiritual, Fidel Castro

Sierra Maestra, escenario revolucionario
Con tu asma a cuestas, batallaste con valor
Amaste a tus soldados con alma desnuda
Los encomiabas con Canto General, de Neruda

Tomaste Santa Clara con 300 hombres
Con Cienfuegos y Castro, tu entrada triunfal fue
Civiles y rebeldes, los esperaban en Habana
Batista y familia, dejaron tierra cubana

Nacionalizado cubano, poeta y diplomático
Reconstruir el país fue prioritario
Viajaste, con tu indumentaria revolucionaria
Rusia, países latinoamericanos y China

Tu mano libertadora, al África te llevó
A los hermanos africanos, organizarlos
Retornaste, para embarcarte a Bolivia
Sin apoyo, tus enemigos te arrancaron la vida

Que de nosotros te fuiste, pareciera
Naciste con ideas emancipadoras
Tu vocación: defender a los que nada tienen
Sin importar, el holocausto, la muerte

Gracias, porque el sueño de Bolívar fue tuyo
Por ser fuente de inspiración, universal icono
Por pelear, hasta ver a Latinoamérica unida
Por tu valor sin tregua gracias, Comandante Che Guevara.

Tío Francisco

Tío Francisco

En una humilde y pequeña cabaña

Con gallinas y olor a recién hecha tortilla

Con la alegría bienaventurada de tus padres

A la luz emergiste, saboreando el aroma labriego

Tío Francisco

Desde pequeño con la naturaleza conviviste

La ciencia de dios con afán aprendiste

De justicia te vestiste, fue tu timbre de voz

Miles de voces te proclaman juez-Salomón

Tío Francisco

Tanto conocimiento en tu privilegiada mente

Aunque de la escuela fuiste una constante ausente

El idioma de Cervantes, lo manejabas con destreza

Al discutir artículos de la reforma agraria

Tío Francisco

Político, de la piel hasta la pulpa de tus huesos

Siempre, una respuesta de Cristo a tus adversarios

En disertaciones políticas, no te vi jamás derrotado

El héroe de La Venta y conciudadanos eras

51

Tío Francisco

Talento no te faltó, para manejar la comisaría

Tanto como quien la escribió la ley agraria sabias

Tu arrojo, valor personal, carisma y conocimiento

Tus herramientas letales, que te llevaron al éxito

Tío Francisco

Siempre he pensado con certeza

Que para que un hombre triunfe en la vida

Debe existir detrás, un omnipotente ente

Donde "Doña Beta" ocupa un lugar preponderante

Tío Francisco

Cuando de Purga a la Venta, te veía caminando

Observaba a un quijote cabalgando

Tu caballo y tú como un Dandy centellante

Manifestando fe en ti mismo, animo avasallante

Tío Francisco

A la Ciudad de México acudías sin freno

A la oficina de la reforma agraria, en San Lázaro

Con la única e inalterable intención

Que la tierra se repartiera ecuánime, sin distinción

Tío Francisco

El sofá en el porche de tu casa está

Esperando por el Tío Vidal, y su plática amena

De su charla aprendiste, filosofía y política

Aquilataste conocimiento, con suma maestría

Tío Francisco

Me sorprendió tu inesperada partida

Te extrañan tanto, coterráneos y familia

Dejando un gran legado, construido en vida

Porque genio y figura fuiste, hasta en tu despedida.

Amigo Manuel

Participe fiel de la revolución
Infinidad de navidades gozadas
Desconocías tu longeva edad
Tu rostro marchito, manifestó tu tribulación

Errante de de por vida, fue tu sin sabor
Humildad y bondad fueron tus armas letales
Tenías un gran carisma simpatía a raudales
Comías a prisa, el agua no fue tu mejor aliada

Añoro tus versos y aventuras en cuentos
Extraño tu estilo, único como si ciertos fueran
Al diablo lo hiciste ángel bueno con tu magia
No obstante la gente lo ve, como rey del averno

Con un dejo de tristeza en tus ojos
Que paternidad no habías conocido, comentabas
Que la estrella brillante fue tu camino y guía
Que el ungido te abrazó en su regazo y corazón

Hoy parece que has desaparecido
Pero no es cierto, así, no lo creas
No está tu materia, pero tu gran legado está
Vida, árboles, amigos, están tus cuentos conmigo

La luz la viste en el estado de Michoacán
La "leva" te convirtió a fuerzas en viajero
Para pelear a temprana edad te arrancó de cuajo
Pensando regresar, jamás volviste a tu tierra natal

Amigo de los animales fue San Francisco
Tú en tu avanzada edad apóstol de la naturaleza
Te entregaste a ella con mucho celo y entereza
Tanta fue tu fe, que en el desierto creaste un paraíso

De humildes padres y cuna emergiste
No sabias leer ni escribir, hasta tu adolescencia
En la universidad de la vida, hallaste la ciencia
Devorabas los libros, que de la basura recogiste

Estar en tu sepelio no me fue posible
Me enteré de tu ida fugaz a destiempo
No concibo la idea que te has marchado, llora mi pecho
Para ti una oración y tu alma con el eterno descanse

Con acento mexicano y alma gallarda naciste
En tus noventa años, caminabas erguido
No te preocupes por los árboles también son mis amigos
Descansa en paz, porque aquí tu talento permanece.

Rule

De Chihuahua fuiste oriundo
Naciste con alma llanera
Con ahínco estudiaste en los Estados Unidos
Orgullo Chihuahuense eres ahora

Vidas y costumbres, escudriñando
De ancestros nativos en el orbe
Con tu lente capturando, a los olvidados
Pobres, pero en historia inmejorables

Procedente de una ciudad fronteriza
La influencia Anglo, no fue ausente
Tu termómetro de mercurio, libera adrenalina
Cuya pasión disfrutas, como un navegante

En tu faceta de revolucionario
Buscando preguntas y respuestas
Siempre a la misma conclusión, llegando
Hablar con tu lente, organizar es tu signo vital

Hidalgo y caballero, sin lugar a dudas
Tu vestimenta metamorfosis sufrió
Combinación de Pachuco y la serie de Bonanza
Pero no te preocupes, eres original amigo

56

Alquimista del tiempo y de la vida
Milenios arrancándole al calendario
Al frente de tu computadora ¡Qué maravilla!
En cada tecleo, vas sueños edificando

Te conocí en un recodo del camino
Organizando Denver, el norte de la zona
Montados en cuaco de nombre varón rojo
Nos abandonó, la causa arritmia cardiaca

En las marchas revolucionarias
Te distinguiste como un Marco Aurelio
Apóstol de la fe y lo entusiasta
March y Engels escuchan tu grito libertario

Cada tarde desde ahora
Una flor te espera en Boulder
Que siente el arte como Chabela Vargas
Es increíble mujer, es enorme

En una estrella de cinco picos, Rule
Encontré tu solidaridad y hermandad
Agradezco desde entonces, a ambos conocer
Por su gran corazón, talento y en rima este poema.

Mónica

Hace algunos ayeres

A la luz emergiste

En el maravilloso estado

Cuna de hombres ilustres, Jalisco

Una tarde tu comentario

Que fuiste hija de excelso tribuno

Ideas liberales en tu mente bullían

La balanza de la justicia, tus manos poseían

Detrás de tu amigo y padre

Una mujer de extremas cualidades

Guía y refugio en tus días eternos

Sin ella, él no hubiese tocado el cielo

Vale la pena mencionar

Tu desarrollo entre juegos de muñeca

Pero sin la conciencia de justicia; perder

Porque está en todas tus células de cuerpo y piel

El brillo de tus ojos denota

Sinceridad hasta donde van las gaviotas

Traes en tu alma la lámpara de Demóstenes

Y la destreza del bien ponderado Sócrates

De tu natal Jalisco
Tras un sueño llegas a los Estados Unidos
Se escribe una aventura nueva
En las páginas imborrables de tu historia

Tatuaje de un inmigrante, sufrimiento
En el alma de nuestra gente, hallaste aliento
Te uniste a la pléyade de manos eternas
De Dios partícula consustancial

Naciste revolucionaria
En Down Town Denver, las huellas de tu marcha
Tú lucha más de 20 años tiene
Por derechos humanos y laborales eres incansable

Tu firma personal, es ser vitalicio líder
He sido testigo fiel
En discursos de diferentes eventos
Sacar al buey de la barranca es tu talento

Dedico este poema a mujer excelente
Porque honor a quien honor merece
Con S.E.I.U alcanzaste una estrella
Gracias, Mónica, por ser amiga, mentora, compañera.

Leah

Tu nombre es rima y armonía

Luego entonces, tú toda eres poesía

Con infinidad de tela de donde cortar

Porque eres insoportablemente bella, además

Una vez a la montaña recorrer, me invitó

Pasó por mí, cuando el sol los ojos se enjugó

Galopamos en brioso corcel

Era noble, era sabio como Rocinante

Llegamos al objetivo en un santiamén

El roció bendecía su tersa piel

Preguntaste a los guardabosques, en penumbra

Con tu perfecto inglés y simpatía que te caracteriza

En la primera etapa de la sierra de Boulder

Respiramos aires emancipadores

Una alondra la bienvenida nos dio

Con sus ojos de cielo ella la observó

En el trayecto encontramos a "Jepeto"

Venia de la guerra, traía los brazos muertos

Entre charlas revolucionarias

Conquistamos la cima de la Montaña

Leah es por demás manifestar
Que ideas liberales, marcha, huelga
Están grabadas en tu vocabulario
Con fuerza y denuedo de piedra y marro

Porque he sido observador fiel
Que luchas, como si rasgaras la piel
Porque en cada libertaria manifestación
A cada paso vas dejando el alma y corazón

Amante del buen vino y el champaña
De la buena comida, compañía y charla amena
La autoridad de un capitán tiene tu voz
Amas a tus amigos, cual hermanos en la revolución

Lloras las despedidas, tal cual Facundo Cabral
En el suelo cayeron tus lágrimas de cristal
Cuando Desiree y tu abuelito partieron
Efluvios de oro emitían tu sufrida pasión

Leah, intenté llevar en estos versos
Tu edificante humildad, sublime ejemplo
Porque sabes ser amiga, hermana por siempre
Gracias, por hacerme de tu amistad participe.

Desiree

Llegaste a este ambiente revolucionario
Cuando estos términos estaban oxidados
Fuiste ángel inesperado, providencial
Tu coraje borró el herrumbre, fue letal

Mi mente tres imágenes archiva
De tu exitoso, revolucionario caminar
Poder innato para manejar muchedumbre
Fuiste nuestro mariscal de campo en Louisville

Bondad a toda prueba, "Don de Gente"
Que de ti recuerdo es lo más sublime
Un mundo de éxitos, te auguro, sincero
Porque tú y sólo tú, eres mil en uno

Cuando entraste al establecimiento
Tus pies delicados, pisaron claveles muertos
Estaban moribundos y les inyectaste vitalidad
Frescos emergieron, defendieron a la humanidad

No considero trivial manifestar
Que eres linda, cual flor de la primavera
Pues es sin lugar a dudas, por supuesto
Producto de tus padres, bondadosos, buenos

Seguridad en ti misma, tu timbre de voz es

Voz nítida, justiciera de juez

Invariable constante, en laborales contiendas

Con un murmullo a nefastos titanes hacías temblar

Llegabas con cuerpo de crisálida, al local

Las manos en relieve, la bienvenida te daban

Enfocada por la mirada del Che Guevara y Cesar Chávez

Aires emancipadores bañaban tu blanca tez

Mientras estuviste, en S.E.I.U local 105

A mi juicio fue genial y fructífero

Defendiste, como una leona a la membrecía

Hoy te rindo homenaje con esta humilde poesía

Te admiro y estimo, como no tienes idea

Porque tus manos y mente por la justicia trabajan

Al frente de entes desamparados y endebles

En proclamas, en la calle contigo, fuimos invencibles

Reitero por enésima vez, hacia ti mi estimación

Por tu ingles materno y tu español severo

Por cuanto nos enseñaste, gracias mil

Nunca cambies y también gracias, gracias por existir.

Ángeles caídos

Los ha visto caminando, sin horario en las aceras, usted
Asamblea han de convocar en los refugios de los autobuses
Son Ángeles, querubes, que del cielo cayeron
Para nuestra bondad de alguna manera, enseñar o tentar

Si tienes el privilegio de verlos, no les tengas miedo
Regálales una sonrisa amiga, una mirada de consuelo
No interrumpas su desdichado y lento andar
En el centro, calles Colfax y 16, ahí los puedes encontrar

Me pregunto, ¿qué harán cuando la negra noche?
El invierno o la tempestad, cae sin reproche
De incertidumbre sus rostros repletos he visto
Nadie los espera en casa, jamás, ni por impulso

Sin embargo esos ángeles tienen la sublime capacidad
De una sonrisa esbozar y a todo transeúnte regalar
Observando el porvenir siempre, como similar ecuación
Las banquetas día y noche de la gran ciudad, recorriendo

Una moneda, un cigarro, puedes regalarles
No interrogues a tu conciencia un por qué lo haces
Simplemente actúa y obedece el latido maravilloso
De sincera caridad que existe en tu corazón

Que es un hermano infortunado, desdeñado, piensa
Pero, que hoy a tenderle la mano tuviste la fortuna
Su cara meca, su cuerpo enclenque, su pelo desordenado
Guarda, fiel imagen de un Cristo, humillado y crucificado

En su vida activa, empujando un carrito de supermercado
Con cosas de vagabundo, que en la vida han atesorado
Para custodiarlas, se convierten en soldados centinelas
Así nadie se atreve a sustraerles, sus valiosas pertenencias

Cuando les alcanza la noche, cualquier banca de hierro
Es cama dispuesta o bien en el desproporcionado suelo
Con periódicos, cartones o la noche, se han de tapar
Pues no existe un buen cobertor, para su cuerpo calentar

He hablado con algunos de ellos y su charla es inconmensurable
Tienen relatos, proezas, de aventuras inolvidables
Destilan filosofía por todos los poros de su humanidad
En sus caras desencajadas se describe honesta sinceridad

Navegan en barco de quimera, su brújula, mirada inmutable
No tienen timón, fijo destino, ni mapa descifrable
Resultan golpeados en brazos y caras, como consecuencia
Han dañado sin escrúpulos, su mísera indiferencia

Un día alguien me comentó que al eterno con fervor

Ya ni intentan dirigir, ninguna plegaria u oración

Dios hizo caso omiso, se quebrantó su esperanza

A paso firme, directo a su auto aniquilación, hoy camina

Jesucristo por favor, da a esta gente tu compasión y paz

El sereno de tus palabras, para su emancipación completa

Eterno mío, que impotencia siento, la desgracia opera con éxito

Al no poder levantar a este hermano, que exclamó ¡socorro!

Se mide de sus pies al infinito universo, su soledad

Tú no estás en nuestros desvaríos, Señor, ellos proclaman

Me acerco a ellos y les digo que Dios está en cada puesta de sol

Cuando cae una hoja, en la sonrisa de un niño esta su resplandor

Pero su ánimo y autoestima está en el subsuelo

Sus pensamientos divagan, que ya no escuchan atentos

Se alejan cantando una melodía sin compás, desentonada

El ocaso de la tarde es hermana de su tierna mirada

Más adelante no sé, con ellos, qué pasará

Alcoholizados o bien drogados, la mayoría deambulan

A veces en acaloradas discusiones, riñen entre compañeros

Hay desgracias, después viene la calma, quietos, petrificados

Gentes de buena voluntad en este tiempo, han desaparecido

Antes veía asociaciones altruistas, en programas televisivos
Desapercibidos, ángeles, porque no son destacados artistas
Desdeñan su autógrafo, no son invisibles y los pierden de vista

Les pido a toda persona, amigos, compañeros, compatriotas
A toda la gente que está inmiscuida en asociaciones de ayuda
Que de alguna manera, dormidos en letargo ya no estemos
Urge hacer algo, son en Cristo nuestros hermanos caídos

Es pesado y humillante soportar la cruz que cargan
Además, del desprecio e indiferencia de tu dura mirada
Cristos mutilados, ríos de lágrimas ya han derramado
No les niegues tu dulce mirada, pues es su único sustento

Todos ellos son Américos, Marcopolos, ángeles nobles
En mares de concreto exitosos e intrépidos navegantes
Pregúntales sin pérdida de tiempo, su itinerario aventurero
Lo conocen como la palma de su mano desde que nacieron

No te burles de sus miserias, porque ni por equivocación sabemos
Si en un futuro no muy lejano, estaremos en sus puestos
Como no sabemos tampoco, si ese maravilloso mañana
Que con inaudita ansia anhelamos, en eterna noche se convierta.

Madre

Hoy por convencionalismos que la sociedad ha impuesto
Todos los 10 de Mayo, celebramos el Día de las Madres
Les felicitamos, les entregamos regalos, en la mesa sentados
Se ve feliz, usted es para mí, linda madre e insuperable

Usted, querubín, mis hermanos y yo platicando
Mi pasado observo, y vienen sublimes imágenes
Hacedora esencial, de mis más bellos atuendos
Sin descanso, siempre cosas enseñándome

Quizás en ese tiempo, no entendía su afán por ilustrarme
Hoy que soy madre, lo entiendo de manera perfecta
Actualmente es mi mejor amiga, mi tierna confidente
Gracias madre por ser como eres y por dentro tan bella

Nací con alma de mujer, para adorarla a cada segundo
De nueva cuenta gracias, por darme su bondad sin escatimar
Sin ofender al eterno, que creó este maravilloso mundo
La considero mi fuente de inspiración, mi esperanza

* *En este poema, haciendo alarde de su versatilidad, el poeta se posesiona
del alma de una mujer (amiga), para que ésta, a su vez, le expresara
palabras alusivas a la madre en su día.*

María

Sangre derramaste, para traerme a ver la luz
En tu capsula de vida viví por nueve meses exactamente
Me convertí en tu tierno confidente, en un segundo
Era un embrión, sentí tu nítido llanto, tu valentía avasallante

Sellaste con sangre mi idolatría, a ti inquebrantable
Me recibiste en tu regazo, que fue mi vida, mi fortaleza
Succioné por vez primera la savia de tu calcio saludable
Sin ofender a Dios, a ti mi más sublime oración mi alma reza

De mozo, hacia ti no media mi mal comportamiento
Angustiar su bondad, que sólo una madre puede dar
Hoy reflexiono y eres cuya bondad es su más fuerte cimiento
Prodigio de mujer, das vida a otra vida

Eres mi icono preferido, que ensalzó sin cesar
Flor perenne que no se marchita con el tiempo
Sino al contrario se torna más hermosa, más cabal
Gracias por convertirte en mi luz, mi paz, mi pensamiento.

Abuelita Amanda

Te nos fuiste hace mucho tiempo

Ahora desde el cielo, nos iluminas

Con efluvios de estrella benigna

En foto, ternura de niña en ti encuentro

Cuando era muy pequeño la conocí

Su voz de autoridad me impresionó

Era muy discreta, callaba su conocimiento

Le extraño todavía, en duelo siempre estoy

Por comentarios de terceros me enteré

Que eras bella como la primavera

Su pelo caía en profusión en sus caderas

Que la hidalguía de España heredaste

Diez hijos procreó con su esposo Severiano

Siete hermosas y sencillas mujeres

Que fueron su luz, su impulso, su coraje

Tres varones fiel copia de mi abuelito.

Ignoro si algún día acudió a la escuela

Era muy sabia, breve con usted platiqué

Ser líder fue su carisma, manejó voluntades

Tan recta, contar chistes no fue su filosofía

Vivió tiempos tempestuosos de México
Enviudó por culpa de la "leva"
Se convirtió en padre y madre, encauzó a la familia
A Don Severiano se lo llevó la revolución

Antes que usted se fue su compañero
Sin Don Severiano no fue lo mismo, nada
Hubo vacío de poder, despilfarro de riquezas
Angustiada y sola, se sumió en la depresión

En su edad avanzada fumó mucho puro
En las pocas ocasiones que le visitaba
¿Me trajiste puros, hijo? Siempre preguntaba
Ahora entiendo, era para mitigar su tormento

Extraño el sazón de su arroz colorado
De hechos revolucionarios, como los narraba
De su pelo rubio e inmaculado, el aroma
De la "pochota" que bañaba de nieve el techo

Con estas palabras hoy le brindo tributo
Personas como usted, hacen tanta falta
Por sus valiosos consejos gracias infinitas
Para que descanse en vida eterna, a Dios rezo.

A mi padre

Mi padre cultivó con esmero la tierra
Se me adelantó en este viaje sin retorno
Cuando tenía 30 años, sin decir adiós se marchó
De él recuerdo infinidad de detalles y cosas

Su afable sonrisa, su mano solidaria
Su armonía para ver diferente el diario acontecer
Hoy que estoy sólo, sin su alegría
Con tanto fervor, me aferro a su imagen

No encuentro respuestas, lagrimas derrocho
Mi padre, ejemplo imperecedero en la arena del tiempo
De su resistencia humana, fui ocular testigo
Me invitaba a ir a pescar de vez en cuando

Sin protección se sumergía a las profundas aguas
Fue un excelente nadador y valiente buzo
Sus pulmones, por mucho tiempo resistían la profundidad
Me impacientaba convertirme en espectador

Aunque ignoraba, lo que a mi padre le ocurría
Mi acción, atribuyó a inmadurez de chamaco
Que aconsejaba volver de inmediato a la cabaña
De retorno iba sollozando hasta la choza

Los amigos prodigaron mil consejos y cariños
Mi madre, a mi arribo a casa, cuestionaba
Respondí que estaba muerto, yacía en el río
En un instante, mi madre de hinojos, postrada

Al eterno dedicaba con fervor una oración
Repliqué no te aflijas madrecita, si él se ha ido
Desde hoy te defenderé, seré tu centinela
Llegando la calma, a la familia convocó

Todo el tiempo le lloró mi abuelita Amanda
No me explico todavía por qué gentes con talento
Tienen que sufrir en vida, tormentos crueles
Terminar en harapos, deambulando desdichado

Vagabundo, sin fanfarreas ni conciertos, en la calle
Esculcando los botes de basura, muy temprano
Con el afán de su necesidad pronto abastecer
Así termino mi padre con su orgullo empecinado

Nunca permitió que le ayudara nadie
Todos lo consideran difunto desde hace tiempo
Cuando lo busco
Despierto para mí está siempre.

Sublime esposa mía

Hoy en nuestro aniversario veintidós, sublime esposa mía
Fervientemente deseo manifestarle, que la idolatro
Que nuestro demente amor es alfa y omega
Le amo con alma, espíritu y beoda sinrazón

Se lo digo porque mi pasión está a punto de estallar
Quiero gritar al mundo y a los cuatro puntos cardinales
Un grito de entusiasmo, paz y felicidad
Ratifico esto, para que se entere que en las noches

Cuando confieso mis secretos a mi almohada
Mi espíritu de su barca desata sus amarras
Y en desconocidos rumbos infinitos, navega
Lo sorprende el cansancio de la madrugada

En gris tiniebla conversa con mi madre adorada
Se deshace el dialogo, se vierte en nada
Porque aparece usted en escena, sublime esposa mía
Se torna en mi interrupción predilecta, mi simpatía

Desde que andábamos de novios, siempre entendí
Que sus besos hasta la eternidad, serían para mi
Sus lindos ojos azules, semejan dos lagunas tranquilas
Me vierto hasta perder el sentido y me fundo en usted

Divagan mis palabras, mis lágrimas surcan sus mejillas
Cavilando en mis recuerdos, sublime esposa mía
Con dicha inexplicable y alma enternecida
Pensaba en ser gigante, enorme, importante

Bueno, digno, honesto por usted nada más por usted
Hasta el momento ver mi esperanza refulgente
De nueva cuenta, quiero decirle gracias por existir
Serafín, ángel, querubín de mis sueños interminables

Afortunado estoy por la hermosa esposa que he tenido
Dulcinea, dormir y despertar con usted en su lecho
Amalgamándonos e idolatrándonos los dos
Usted sublime esposa mía, siempre entusiasmada

Yo siempre satisfecho, los dos un solo átomo
Caminando al paralelo, ignorando lo adverso
Solamente nos faltaba, en medio de nosotros
Nuestros padres, hijos y Dios

Bendiciendo nuestra felicidad, nuestra unión
Reitero, que se entere, sublime esposa mía
Que hoy llegando al aniversario veintidós
Que hoy, por siempre jamás, le doy las gracias
Por los bellos hijos que me ha dado

Por los momentos interminables de felicidad

Por los instantes aciagos, ¿Por qué no?

Deseo con firme convicción, sublime esposa mía

Que siempre lo asimile y lo recuerde

Que para mi usted fue, es y será la luz de mis tinieblas

El néctar de mis flores, enorme corazón, eterna juventud

Benigna luz, mi todo, sublime esposa mía.

Para Porfiria (o Minerva)

Hermana Porfiria (o Minerva) ya ni sé cómo llamarte
Pues hace mucho tiempo, tu nombre de pila te cambiaste
Cualquiera es igual pues, no perdimos el vínculo en hermandad
Redacto estas líneas para constatar cuan mi corazón te extraña

Naciste por varios motivos, preponderante y privilegiada
Nuestra madre te mostró cuanto había que enseñar, abnegada
Te convertiste en la mentora de los hermanos que te sucedieron
A esta empresa pusiste tu mejor esfuerzo, te lo aseguro

Aprendí de ti la valentía, para el mundo a pedazos, comerme
Emprendedora mujer, me llenas de asombro, sin vacilaciones
No conocí a Minerva, quieta, siempre estaba en suma ebullición
Contando historias a tu regreso, con sufrida pasión

Eras… más de una vez, nuestra madre te jaló las riendas
Fuiste muy descocada, sin embargo tanta gente te adoraba
Aunque el tiempo y la distancia nos separan, estás en mi mente
Añoro tus anécdotas, hermanita no te olvido, aunque no estés.

Tía Beda

Te vieron nacer los aires primaverales de La Venta
Purga, sin duda, su cabecera municipal
A temprana edad, de tu patria segunda saliste
Como "domestica", para prestar ayuda a tus padres

A la escuela rural fuiste a oír el campanazo
Tenías que la tierra labrar, no tenías otra opción
En compañía de tu querida hermana, Francisca
Ambas fueron de su pedazo de tierra centinelas

De tu juventud casi no disfrutaste
En tus años mozos, nupcias contrajiste
Después nacieron cinco hijos en Veracruz
Que son tu alegría y de tus ojos tu luz

Oliverio Lara, cantor folclórico, tu esposo
Ganándose la vida en los portales, allá en el malecón
Usted, cumpliendo con sus sagrados deberes
Como leona custodiando a sus descendientes

Como todos los humanos apasionados
A esa empresa, todo apostó nada escatimó
A esposo e hijos se entregó en cuerpo y alma
Chismes destructivos recogió de varias personas

A Oliverio una oportunidad le salió
Llegar a este país a mostrar su folclor
Dejándole su promesa a usted, empeñada
Que si le iba bien, a traerlos el mandaba

Pasó el tiempo de su promesa, no olvidó
Para venir a este país, a la Virgen de Guadalupe le rezó
La frontera cruzó con más miedo que ganas
A la cultura de anglosajones se enfrentaba

En los Estados Unidos con sus hijos ya instalada
Con denuedo aprendió a tocar la jarana
Con su conjunto folklórico familiar
Entonó sones jarochos, a toda la unión americana

El éxito no fue miel sobre hojuelas
Le sobrevinieron a la pareja, malas secuelas
Infidelidades y golpes, callada tenía que soportar
Por su autoestima, esta relación tenía que terminar

Yo nunca he entendido a la gente
Que sólo rinde tributo, a las personas en muerte
Desde que nació usted, es belleza en flor
Por eso hoy dedico esta poesía, a todo su candor.

La madre de un inmigrante

Madre

Te escribo estas líneas, espero estés bien, día a día

Hoy, que como inmigrante estoy en este país extraño

Añoro y siento la nostalgia de tu sonrisa

De tus religiosos "bueno días" y tacto de la bondad de tus manos

Madre

Como inmigrante, tú no sabes cuan vulnerable estoy y extraño

Tu mirada, que siempre me regalabas cristalina y bondadosa

Tu filosofía y sapiencia de tantos años acumulados

Tu filantropía, que das al moribundo hermano, dispuesta

Madre

En este inmigrante-país me despierto y despliego la pereza

Con fe e insuperable fervor, doy gracias a mi bondadoso dios

Por volverme en sí, de mi muerte prematura

Pero, sobre todo por ser molécula de su sangre y corazón

Madre

Acá, como incontables inmigrantes, vivo en destierro y miedo

He sufrido discriminación, hambre, sed, granizo, lluvia y nieve

En ese momento está tu mirada angelical que jamás olvido

Flaqueo y tú cual martillo, golpeas y mi voluntad la mueves

80

Madre

Gracias mil por tus buenos deseos, bendiciones por ser como eres

Te veo en domésticos quehaceres, percibo tu mirada prodigiosa

Eres un faro inextinguible, estando en la cordillera del Everest

Ángel, que apareces en mis sueños, rezo, te veo como una diosa

Madre

Desconozco que futuro espero adverso, como tantos inmigrantes

Menos aún sé, si en este país moriré pobre, miserable o rico

Cabal yo sé, que si olvido de usted, diez mil veces perverso seré

Moriría en paz, porque de una humilde mujer mexicana fui hijo.

Micaela

Una doncella delgada, vestida de rojo
Con ansias, en el portal me espera
Con una sonrisa y los brazos abiertos
Me sorprende lo frió de sus orejas

Es tan frágil, tan delgada y enclenque
Que me atreví a llamarle Micaela
Debo reconocer su valentía de tigre
En la carretera ella es toda entrega

Con sol inclemente en montañas y praderas
Ágil, va arañando el inclemente viento
Yo la encomio con cariño, vamos Micaela
Con paz infinita la sierra conquistamos

Micaela tiene piel morena, tersa de ala
Aunque seas sumamente delgada, te amo
No soy yo quien deba cambiar tu naturaleza
No tengo derecho, aunque soy tu dueño

A mucho tiempo, que ha pasado no olvido
Tu entusiasmo para enfrentar la vida
Cuando a las puertas de una ciudad llegamos
Ambos celebramos la conquista

Tus pies diminutos, desnudos, frágiles

Entre espinas y vidrios caminaron

Dieron con certeza en tu talón de Aquiles

Aun así peleaste como Carlo Magno

Nunca falta un malvado clavo

Que desinfle tu hermosura

Demacrada, con traspiés, sin rumbo fijo

Apoyada en mí, te llevo a la farmacia

Apresurado, compro tus medicinas

Curitas, ungüentos y oxigeno

Te lavo bien la herida y aplico un curita

Micaela, nos espera el camino de regreso.

Suéter rosa mexicano

Estuve hace mucho tiempo
En la mente de un sastre capitán
Varios de sus subalternos
Mis extremidades se repartían

Entre sala de operaciones
Cirugías al por mayor
Incisiones de múltiples alfileres
Hoy es realidad lo que fue sueño

Me entregaron a mis acreedores
Fui el amigo de un maniquí
Navegué entre sabanas y edredones
Conversaciones con acento baladí

Cámara de cristal, mi casa
Mi compañía, inmóviles ojos
Cosas abstractas, lo que escuchaba
Un buen día cambie de dueño

Desde ese momento, hasta corta fecha
Me convertí en moda-sensación
Mi agenda de asuntos, repleta
Entonces la factura el tiempo me cobró

Tenía trabajos esporádicos
Sufrió, declinó mi autoestima
Mis pómulos hundidos, mi faz se daño
Y aquel que fui, no soy ya

Estoy en un cielo tétrico, actualmente
Pendiendo de un hierro forjado
En el camino a los comensales
Les doy abundancias de mendigo

No obstante, agradecido con la vida
Un asilo de ancianos no fue mi ocaso
Pero no me hagas caso, Laura
Soy un suéter color rosa Mexicano.

Mujer bella

Bella, al viento enamoras con sensual caminar
Cuando despiertas, los ángeles caídos
Se vuelven mortales y te rinden pleitesía
Al palpar tu excitante cuerpo y escalofrío

Si con un amigo me encuentro de furtivo
De la mano contigo voy circunstancialmente
Mirada libidinosa, enseguida describo
Celoso estoy, se altera por ti mi mente

Exquisita y bella eres tú completamente
Me enloquece tu labio inferior partido
Entonces, palabras de admiración emergen
Y no sé cómo te las digo, porque soy tímido

Hace algunos ayeres que te conocí
Ahora tatuada en mi dermis estás
Eres inalcanzable como la luz de un rubí
Cuando estás junto a mí, mi alma descansa

De tu boca dulce, pequeña, me enamoré
De tus locuras raras, intempestivas
De tus aguas internas y estrecho talle
De tu alma de niña tierna, tan bella

86

No sé a quién le debes esos ojos pizpiretos
Que irradian luz y demasiada ternura
Los amo porque son muy coquetos
Si me miran es un galardón que me da la luna

A tus padres se los debes, a ciencia cierta
De la madre patria venían sus pies pequeños
Su madre fue insoportablemente bella
Su humildad interior fue su herencia mejor

Has dicho que para enamorarte eres vieja
Tienes tantos atributos, que me vuelvo escéptico
Sensual caminar, joven corazón, en tus cinco décadas
Pasión para amar, que envidian reinas del universo

Bálsamo de brisa primaveral es tu rostro
Cascada refrescante tu abundante cabellera
Tus manos inquietas, incalculable tesoro
Con tu ombligo juego, en postura deshonesta

Desprendo las hojas del calendario aprisa
Para cada fin de semana al verte, conmoverme
Impáctame con tu beso, que es brisa eterna
Por favor vuelve, para con tu sonrisa, conquistarme.

Yegua alazana

Sabes pues que soy feliz

Porque cuando me vierto

En tu cuerpo de ola marina

Me poso en tu rosa viva

Que, impaciente me espera

Con los brazos abiertos

Y con una sonrisa, me da la bienvenida

Sabes pues que soy feliz

Cuando mis negras pupilas

Se llenan de tu pétalo-piel

Y desnudas tu timidez

Me gimes un estate quieto

Exploro con el tacto de mis manos

Tu perfecta geografía humana

Sabes, pues que, soy feliz

Me detengo en tus veneros

Saboreo tu savia escondida

De miel pura de virgen

Diáfana, e inmaculada

Succiono el néctar de tu amor… hasta

El cansancio y termino de amor… borracho

Sabes pues que soy feliz

Por un punto determinado

Del plano de mi azarosa vida

Busco, y…termina

Y cual jinete me monto

En una yegua bronca, alazana

Donde, por ningún instante quieta está

Sigo cabalgando con fe inaudita

Ya en los últimos instantes

Cuando toco el cenit del infinito

Me sorprendes en un grito suplicante

No te detengas… sigue…sigue…sigue

Pero tu súplica resulta inútil

Porque en esta carrera loca

Pierdo el control del freno

Continúa corriendo mi yegua bronca, alazana

En esa huida va hiriendo a la noche callada

Arrancándole de sus entrañas…luceros

Al martirio sometido, a esta noche callada

La daga, a mi yegua, no logra arrancarle

Ni un grito de dolor o un suspiro

Sabes pues que soy feliz

Porque nuestros procederes

Son un grito de felicidad jamás emitida

Un cuento de hadas, quizá una fábula

Tal vez no lo ves tú

Pero a mi yegua bronca, alazana

Con las lágrimas de la noche callada

Sabes pues que soy feliz

No te lo puedes imaginar

A la yegua le han nacido dos alas

Y como el Ícaro o el Ave Fénix

Se levanta de las cenizas, emprende el vuelo

Se enseñorea con el cielo, es un gran señor

Un titán o mejor aun... El Eterno.

Luz María

Mi bondadosa e inolvidable hermana, Luz María
De nosotros te fuiste en alma y materia, para siempre
No te enteraste, pero yo te veía como un ser omnipotente
Tenías obra y acción, ternura, que irradiaba día a día.

Mucha gente en Veracruz añora a esa gran guerrera
Mujeres como tú, cada mil años aparecen, como un murmullo
Fuiste mi amiga y como hermana, mi más grande orgullo
Por ti no dejo de rezar, para que descanse tu alma

Hermana, hoy que no estás entre nosotros presente
Está en mí tu recuerdo; a diario tu espíritu camina conmigo
Luz María, dejaste tus huellas grabadas hasta el infinito
Con regalos-mil en tu regazo, de una madre nunca ausente

De repente te dibujo en mi memoria, hermana querida
Con brillo cristalino en tu aureola, concluyo
Será porque eres y serás, el ángel del eterno preferido
Dejando tu lugar de santa, para ser nuestra hermana

Gracias por invertir tu valioso tiempo conmigo
Por tus llamadas de atención, cuando se requerían
Por tus pláticas acerca de la superación y autoestima
Pero más gracias hermanita por haber existido.

Tengo tantas ganas

Tengo tantas ganas de estrecharte entre mis brazos
Aunque no tienen la fuerza y el vigor del viento
Acariciar, con mis endebles manos… continuar
Besando tu hermoso rostro angelical

En tus maravillosos pensamientos, navegar
Hasta encontrar la razón, de tu luz matinal
Quedarme quieto, disfrutar el momento
Para nunca querer arribar al puerto

Tengo tantas ganas de beber tu dulce néctar
De miel escondida, que mi sentido extraña
Explorar tus oasis, en alpinista convertirme
Reconociendo tus llanuras, montañas y valles

Caminar a paso lento, dormirme en tus senderos
Y para que no exista un mañana, suplicar al eterno
Hundido ya en mis sueños, conversar
Con tus moléculas, en lo más recóndito de tus entrañas

Tengo tantas ganas, por completo observarme
En tus dos bellísimos luceros, imprescindibles
Que Dios con tanto acierto te regaló
Al cielo de tu rostro rosa-nacarado

Morir de éxtasis al besar el iris de tus luceros
Con el pensamiento y delicadeza ya acostumbrado
De nuevo, caminar por enésima vez en tus mejillas
Comerme a besos tú esencia exquisita, natural

Tengo tantas ganas de fundirme en tus labios
Color fresa madura, en un beso abrasador
Al inhalar tu aliento el sentido perder
De aroma de rosal hasta enloquecer

Transitar en las chalupas de tus células
Despertar y descubrir en tu sonrisa, felicidad
Volver en sí, con ánimo de nueva cuenta, emprender
Viajando en las curvas de tu cintura, esta vez.

Lucia, amiga y compañera del Wells Fargo

Lucia, amiga y compañera del Wells Fargo
No sé cuándo el cielo le dio su primera mirada cristalina
Ignoro también en qué año la primavera, su belleza le heredó
Tiene alma inmaculada, como ya no hay en nuestros días

Lucia, amiga y compañera del Wells Fargo
No sé otros, pero cuando escucho mencionar su nombre
Todo mi pensamiento converge, en entes con encantos
La veo como mujer dulce, bondadosa, sinceramente

Lucia, amiga y compañera del Wells Fargo
Es usted un mariscal de campo, de ideas inauditas
Para llamarla no he encontrado, un adjetivo en el español
Fue infructuoso, entonces le llamaré estrella

Lucia, amiga y compañera del Wells Fargo
Con justa razón, es usted estrella desde siempre
Su beldad, va dejando huella en el universo
Sabes, eres una persona que irradia ternura permanente

Lucia, amiga y compañera del Wells Fargo
Privilegio conocerla y verle caminar alegre, placentera
Su amistad es el mejor galardón que Dios me dio
Si de improviso me alejo, la recordaré como linda estrella.

Sandra

Precisamente hoy te vestiste de belleza
Para humillar de manera cruel al universo
Estoy seguro que no lo hiciste con mucha entereza
Tu beldad natura; es bello don que el eterno te heredó

Sandra

Moribundo estoy por tu piel morena, mirada tierna, piel de ala
Naciste con talento de ángel que de repente camina por la calle
Todo lo que tus maravillosos ojos ven lo engalanan
Dichoso yo, porque con tu tierna mirada me hechizaste

Sandra

Eres efluvio de luna, valiosa palabra de consuelo a tiempo
Sublime pasión, realidad configurada, leal confidente
Estar contigo me eleva a la eternidad, lleno de contento
Me devoro las horas, para estar ante tus pupilas presente

Sandra

Las 24 horas del día, pienso en ti sin titubear
Llego a ti cual demente y de amor beodo
Por tu tez morena, infinita dicha a palpar y contemplar
Dios me hizo el milagro de esculpir mi nombre, en tu corazón.

Lucy

Te mentiría si te dijera que no he pensado en ti

Estoy atado a ti, como un naufrago a tu tabla de salvación

He caminado mil distancias y te he encontrado aquí

De sed desfallecí, te hallé, mi fe se consolidó

Batallé para olvidarte, no lo logré jamás.

Tu imagen edificante, mi apetito enriqueció

Tu cuerpo de ola besaba mi arena en la playa

Lloré, milagro, mis lágrimas llevaban tu imagen, me impresionó

Lucy, amargo llanto, tú perteneces a un nivel sublime, alto

Tienes quien alegre tu vida y sufra de repente tus penas

Tus ojos me condenaron a estar ante ti postrado

Lo acepto, tal fiel siervo ante usted, mi alteza

Sufro como demente, cuando despierto, saberte ajena

Sé que tu cuerpo y alma, pertenecen a otro individuo

Confieso mi error, infame ocaso me espera

Mi corazón se enternece al besar el arete, que pende de tu oído.

Selphia

Selphia, sigo sentado junto a ti
Esperando con ansias que tu mirada se proyecte en mí
Deseando con fervor inusitado que tu mano aterciopelada
Acaricie mi sufrida alma, por ti desmoronada

Selphia, sigo sentado junto a ti
En este parque, que con lágrimas melancólicas recorrí
Mi pensamiento explora tu cuerpo perfecto por enésima vez
Me vierto en tus ojos, me siento en tus pupilas, feliz te encontré

Selphia, sigo sentado junto a ti
Tu risa, un aliciente que alegra mi atrafagado existir
El timbre de dulzura y nitidez de tu acento mexicano
Tiene el poder con que un día Cristo levantó a Lázaro muerto

Selphia, sigo sentado junto a ti
Debo reconocer que tu silencio es candidez y filosofía
Anonadado al ver tus cinco magníficos luceros en tu cuello
Junto a ti es continuo éxtasis, es estar besando el universo.

Mujer Marroquí

Cuando en la esquina de Dalhia y Evans, te vi

Nervioso, con un nudo en la garganta te pregunté

Por el pronóstico del ambiente nebuloso y gris

Con tu acento extranjero respondiste a mis pormenores

Mujer Marroquí

Con mi pobre corazón acelerado, descubrí

Que eras mi alma gemela y había nacido para idolatrarte

Por tu abundante, negra cabellera, desfallecí

Me acorruque en tu regazo de rosas, no dejo de adorarte

Mujer Marroquí

Ese encuentro fue el preludio de visitas clandestinas

Las calles de Dalhia y Evans, fueron mudos confidentes

Me encantaba ver tu pelo, como cascadas matutinas

Cayendo en profusión por tu espina dorsal constantemente

Mujer Marroquí

En una mañana triste, lluviosa de abril

Caminando por Colorado Boulevard de tu mano

Me confesaste que era imposible tu estancia aquí

Una atmósfera de desesperación mi mente ofuscó

Mujer Marroquí

No supe que decir, mis esperanzas estaban cifradas en ti
Hoy a la distancia y tiempo quiero confesarte
Me enamoré de tu árabe- piel, de tu lenguaje no- baladí
De tu postura erguida, digna de una reina del medio oriente

Mujer Marroquí
Si te hubieras quedado, estaría ante ti postrado
Como resultado de tu caminar despampanante, señorita africana
Aunque soy plebeyo, por tu persona no desistí
Azhiza no es un nombre común entre la gente mexicana

Mujer Marroquí
Sacando cuentas, todo me separa de ti
Tu elevada posición social y religión musulmana
Dejaste un roto corazón, derramando sangre de pasión por ti
Mi sangre de obrero, también tiñe de rojo las pulcras sábanas

Mujer marroquí
Yo sé que a tus efluvios solares, jamás pertenecí
Aun así en la esquina de Dalhia y Evans, mi alma te espera
Pensaste que un adiós o un hasta luego, no merecía
No me olvido de tu belleza innata y sonrisa bella

Mujer Marroquí
A menudo me pregunto si podré olvidarme de ti
Te apareces en mis sueños, como principal personaje

Navego en tu cuerpo de poema, que alguna vez recorrí

Grito con ansias de desespero, tu nombre al infinito oriente

Mujer Marroquí

Pero tú ni por equivocación, vuelves a mí

Mi plegaria es infructuosa, lágrima negra mi faz marchita

Te confundo con desdén, aprieto mi almohada con fiel frenesí

Si vuelves te espero como siempre, en la esquina Dalhia y Evans.

32 BIOGRAPHIES OF

HUMBLE PEOPLE

(POEMS FROM JUNE, 2008-DECEMBER 2009)

Autobiography

My name is Juan Manuel Patraca
I was born in La Venta, Veracruz, Mexico
A small pueblo on the way to the Jamapa River
I remember falling from a horse as a child

Pleasant conversations with simple people
People who worked the land with their *"hitacate"*
As afternoon turned to sunset their silhouettes would depart
Carrying the buds of hope and life they praised

My risky life spent four years there
Then, at the age of five, torn from my land and heritage
I sought political asylum in the port of Veracruz
Where I found work, along with a blacksmith

A family of ten; ours was shaped by my mother
She served as both parents, what a struggle!
My father bid us good bye when he was 30 years old
The time when I needed his fatherly advice the most

In heroic Veracruz; life passed by with *jarocho* resonances
Surrounded by panhandlers and soccer players
I got to know the whole state, delivering "sewing notions"
This is a piece of my life.

Kind Motherland

I, being abroad, don't forget you; my longing increases

Every day that passes I keep falling in boundless love with you

I traveled your impossible geography by bus and afoot

Your dangerous curves of beautiful and passionate lady

Kind Motherland

Your femininity of peerless beauty, scented by your oceans,

Your image is forever engraved in me

I think about you, my mind is in ecstasy

You were picked by God and blessed upon creation

He left the best representative of His goodness in you

He skimped nothing

Kind Motherland

Honest Dulcinea, of unsurpassed tenderness and truthfulness

Noble and unequal, temptress and marvelous woman

Mother that, with unexplainable kindness

In your bosom embraces

Without discriminating any of your offspring

Blindly accepting them

Kind Motherland

With labor, still sweat on your forehead, fruitful soil

Blessed rain, blends with the ground, the harvest comes

Your people and outsiders, raw material of your good fields

Watering their mouths, their tasting with much joy

Kind Motherland

Blessed name, praised by your ancestors

Derived from the word "mother". What a sublime fusion!

Where father and mother merge into one

This concept happens when they flirt and fall in love

Kind motherland

Binomial flowing into implicit and unchanging humility

Distinctive seal, personal signature and infinite charity

Valuable jewel, precious metal, I focus my thinking

In your dazzling womb, ignoring my opponents

Kind Motherland

I caressed you; I felt your arid skin with my bare feet

For the umpteenth time I run to the rugged skin of your deserts

My whole body fussed in your wet and profound dermis

I handled your smooth waves of your dunes with extreme peace

Kind Motherland

I experienced, in successive orgasms, happiness, festivities

I promised myself no rest till conquering your highest mountain

I sailed all your shores, I possessed your full moon

Your romantic star kissed me in your bohemian nights

Kind Motherland

I woke up yesterday in another place and didn't feel the kiss

Of your ocean breeze on my cheeks

Of your sunsets, of your dawns

I miss your food, the pleasant chats, your sincere greetings

How have I been able to live with no contact

With your peerless people?

Kind Motherland

I can't deny that life here is easy and there is much technology

I miss the things in my home land; my creed is to love her

How long will I be, far from my selfless country? I do not know

To be an atomic particle in your sunrises is my desire

Kind motherland

The songs of Agustin Lara performed by "Toña La Negra"

Today, especially, her interpretation excites me, enamors me

Your national folklore and mariachis being spread by your artists

Thousands have cried when your vernacular music is heard

Kind Motherland

Jorge Negrete, Jose Alfredo, Pedro Infante and others

With nationalistic pride they have reached a star

You are the navel of the world, your soul is an artist.

Mexico, Quixote of thousand battles

You conquer your own and foreigners

Kind Motherland
With your tribes, absolute owner of a flowery mosaic
Since ancient time and space, inhabiting your honorable soil
The Yakis and Kikapues in the stifling desert
Fort of the Olmecas and Lacandones in your exuberant jungle

Kind Motherland
Raramuris, Fast Feet, stamina like no other
They are privileged for they live in the highlands, near God
The Aztecs and Mayans built mystic and rich empires
Impressive culture and history, they bequeathed to the world

Kind Motherland
Your epic story, with sublime respect, submission and reverence
Today I pray. It is filled with abundant patriotism and chivalry
Erudite, kings, emperors, slaves and the people forged it
I am sure that it was done through battle, stone and hammer

Kind motherland
The blood of your brave heroes: Indians, Spaniards and Mestizos
Enriched your blessed soil. It bloomed into an exquisite rose
They fought against the *conquistador*
A thousand bloody encounters
To free themselves from the chains of slavery

Kind Motherland

The priest Don Miguel Hidalgo y Costilla, with all fairness

Is kept and venerated as the father of the country

His liberal ideals anointed him as the pioneer or the forerunner

With tolling bells he convened the people, he started the war

Kind Motherland

Tired of watching unthinkable injustices by the invader

They became tireless leaders of the liberating revolution

In the home of Mrs. Josefa Ortiz de Dominguez, "The Corrector"

There were to conspire priests and military

Hidalgo, Allende and Aldama

Kind Motherland

In 1821 the whole town and clergy rejoiced the entry of the army

Mother, bit of heavens, that day you were free of binds

I love your sunsets, your full moon and all its quarters

Your warm sands, your storms and your unbearable sun

Kind Motherland

I love your past royalty: Cuahutemoc, Cuitlahuac and Moctezuma

Cuahutemoc did not give up the gold

He was tortured to his fingernails

I love your Indians that distinguished themselves in all the fights

As fierce, unstoppable warriors; their bravery had a soul of steel

Kind motherland
Mexico, you have in Zapata essence and spirituality, an apostle
Thus starting the Mexican revolution, fighting bad government
Dignifying the Indian, proclaiming Land and Freedom!
His only goal: to fight with faith, zeal and heart all battles

Kind Motherland
Francisco Villa, epic character, with his "kill 'em first... ask later"
Faithful witness of bloody clashes, the sierras of Chihuahua
With his Northern Centaurs
Magnificent, imposing, gigantic leader
Your tomb was violated, but before that
Dammed the ones who betrayed you

Kind Motherland
Today I find myself far away from your beautiful beaches
I 'm proud of being Mexican and carry mestizo blood in my veins
Mexico, welcomes the foreigner with friendship and enjoyment
I'm annoyed to listen to a fellow countryman complain about it

Kind Motherland
To those infidel offspring that deny your marvelous name
For their ungratefulness, they deserve to be burn at the stake
Prostrated, I ask of you, don't shed tears for outcasts
For they were not honest children, loyal to you, Kind Motherland

Justice for Janitors

United States, country of immigrants

World power, belligerent

Beacon of social justice and peace

Nation of a suspended dream waiting to be grasped

From our origins we migrate

With a sublime illusion, heart in hands

Leaving families, ancestral ways

Weaving through our path of a thousand uncertainties

Here we ought to feel privileged

But please, let's not forget our brothers

On the border folded and forgotten in the eternal dream

While chasing their own sublime illusions north

With empty pockets and sick bodies we arrived

Searching for a new home

If no one, friends or family, awaited to welcome us

The streets or Samaritan House would be the port in hand

We spun in the mud sinking towards our precious dreams

Success, at any price

Looking for a job became our path to martyrdom

We don't speak English and are betrayed by our own people

At last we find work, settle in

Give thanks to God, we have succeeded

But the sheep skin soon falls from our bosses

Showing their angular teeth of wolves without soul

In every Hispanic they see a jumble of hands

To them we are machines not humans

And to pour salt in the wound

They make a fellow "paisano" our supervisor

Each time we pause

They invent new ways to work us harder

And we sadly pride ourselves setting Guinness World Records

For running, at their whim, faster than Superman

In the workplace, my paisano

Becomes my archenemy

The footman of the slave master

If I complain of his injustice, my dreams he will crush

Fellow *paisanos,* friends, let's not forget

Organizing ourselves is our strength, our trusted way

We are the hands of God, since creation

The indisputable support of this big nation

We must wake from this taciturn dream

Not abandon this world to impunity

Speaking out with faithful courage in the streets

Proclaiming, justice now! Respect our common human right

Brothers, with justice for janitors at the vanguard

Galvanized by our heritage and wisdom

Armored by our hard won contracts

We will strike the death blow to impunity and injustice

We stand here, brothers, as human beings, not as invisible hands

In the streets with our placards we are invincible

Organizing with SEIU we are of one mind, one atom, unfurling

We must fight together in fierce passion, noble cause, as one heart

Brothers and Sisters:

We will not give up until our enemies recognize our working rights,

which by divine justice, universal and human, belong to us. Let's

continue to denounce injustice. By doing that, we will build a better

world and always, always truth and reason will assist us.

Devils and Demons

My supervisor's assistant

Is a ominous and cruel being

Capable of committing the worst acts

He wants to turn our workplace into a whorehouse

My supervisor's assistant

Doesn't hesitate for a second, to threaten

With unpleasantness and advantage

He jokes about breaking our contract

My supervisor's assistant

Where does did this bad seed come from?

Perhaps from Botero's amorphous figures

Or from Marcial's wild imagination

My supervisor's assistant

Who could have invented him?

The ingenious gringos consider themselves his tutor

Because he is so horrible, not even Dante could have created him

My supervisor's assistant

He carries his weapons out of their holsters

The ridicule, lies, cowardice and insults

Change into winged angels next to the Truth

My supervisor's assistant
Easily transforms into
A *"chupa verjas"* and the "bum Salinas"
Reaching success as potential delinquent

My supervisor's assistant
Calls himself, "Victor Satan"
Whose father is undoubtedly, "Héctor Demon"
Fused together, they are a blemish on society

My supervisor's assistant
Is out of his mind to the point of insanity
When I point out his unjust acts
He drools and turns his snout, losing what little calm he possesses

My supervisor's assistant
Carries a toxicity that does not biodegrade
Don't talk to him if you see him
Not even a skunk can outdo the effect of his poison

My supervisor's assistant
Thinks he's omnipotent
My people, there is a moral to this story
If you want to overcome this disgusting person
Read carefully your legal contracts

With valor and determination you will confront the coward

He will kick and shout monosyllabically

And become petrified on his own vomit

Comrades, brother and sisters

Our devils look Hispanic

What an insult! To say that they are Mexicans!

Executioners, annihilators of their own race

Friends, we are important to the gringos

They are always thinking about our future

Wretched gringos, they cloned the demons

I can see that there is one in every company

But don't worry, friend

Whatever connection to reality

Is a coexistence with ghosts or phantoms

Because they love us so, and with "vital coincidence"

I know that there is more than one in each company

With deviant acts, with different names

Violating a contract is a daily occurrence

"Strength", we will overcome these preponderant beasts.

A day without immigrants

This very day, May 1, 2006, in the USA
They decreed a day without immigrant
In the entire nation, a day without Mexicans
So that they do not think we are aliens

I awake, I begin my day
I go to the supermarket, I shop
I do not see the work of art of my bronze race
Only the shop owner, full of impotence

We shout in unison, we are reunited
At Federal and 29th street the march begins
At the place we agree upon, Viking Park
The race congregates happily and without tardiness

I look for a place to park
I must park far away; luckily I did not have to run
I get to the group at ten in the morning
I experience one voice demanding the rights of freedom

A knot in our throats
The multitude shouts for equal rights
I join them with my voice, as one heart beats
"Yes, we can!", "Viva Cesar Chavez!", "Justice Now!"

To the never ending group
Came poets, Anglo-Saxons and above all workers
We arrived at the center from all over the outskirts
A town of immigrants, thirsty for justice

On the enthusiastic path we found
Angry minorities, anti-immigrants
Along with Kindness from our Anglo brothers
But not without conservative attackers

We were headed to the capitol
We were surprised at the immeasurable crowd
The conservative police, attentive and watching
They had not seen the clamor of so many people since
Martin Luther King

We were all together with the same voice, demanding
That which by universal law belongs to us
Justice and dignity, we are human beings
How hoard is it to be condescending

In the parliament today, May 1st, we raise our demands
In one voice, one prayer
Demanding that an immigration reform be carried out
Justly, equally, impartially and humane.

Immigration reform

Legislator of the parliament
The Hispanic community is thirsty for justice
They ask you to approve an immigration reform
Clear, just, humane and impartial

Friends, we come out of the shadows
Our spirits lifted, we march and shout out
Against the Republican anti-immigrants
We are proud workers, not criminals

With golden letters, it is written this first day of May
There was a national Hispanic boycott in the United States
The citizens created discriminatory laws, but
They have only succeeded in awakening a giant

Citizens and residents argue
That we rise up to leave them without workers
Scrupulously they call us aliens
They are selfish and think are decent

United States citizens, I remind you
We do the work that they reject
The legislators create anti-immigration laws
Ask the government, where are our taxes?

It was unpredictable in the US. That May 1st
That from hermits would spring forth proud immigrants
Reclaiming their foothold in the streets, to the shouts of
Fair, humane and equal treatment

Friends, co-inhabitants of the earth
I only ask you that we do not rest until we have reached our goal
To gain legal status in this neighboring land
By humane, universal and divine decree

We are the hands of the world that build
The giant has been awakened again
To demand Justice and equal rights
The voice of the people has turned into the voice of God

Men of the parliament, legislators
When you pass anti-immigration laws
Think for just a second, if you yourselves were the immigrants
Stop being egotistical, you do not own the world

Workers, friends and countrymen
Rights are not to be pleaded as a beggar
It is to be demanded with valor, banner in hand
Organized, we will win the fight.

Che Guevara

As a child you asked yourself
Why is there so much injustice and inequality?
A torrent of questions you asked your "nanny"
Impossible for her to answer

Your life continued full of adventures
With your school, your home and you childhood games
Before you finished college
With Granado and "The Powerful" you raised the flag

It all began with the enthusiasm of an adventurer
To visit places you found in books
Over fifty times the falls were hard
And in Chile, "The Powerful", your motorcycle, said goodbye

Your impotency emerged and your beliefs in humanity
Were evident in the "Indian" whose land had been stolen
In the face of the miner couple
In the lepers with their abundant humbleness

From that moment, the Argentinean adventurer
Would never be the same
A change of principles was forged in his mind
To fight against imperialism, whatever the price

Your debut was in Guatemala
It was short-lived, not what you'd expected
You were given "asylum" in the Argentine embassy
From there, they transferred you to Mexico

In Mexico, you lived with Hilda
You worked as a photographer
Cantinflas, was your favorite comedian
And on your walks, you found Fidel Castro

It was the beginning of unending talks
The common denominator was to free the Cubans
They left from Tuxpan, Veracruz with eighty two men
They went forth, prepared, in "La Granma"

But an accident befell them, before they reached the island sick
"La grandma" fills with water, it shipwrecks
They swam to the island with the war equipment
Along with their spiritual leader, Fidel Castro

Mountain teacher, revolutionary backdrop,
With your asthma, you fought valiantly
You loved your soldiers with your pure soul
You cheered them on with Neruda's poem, Canto General

You took over Santa Clara with three hundred men
With Cienfuegos and Castro, your entrance was triumphant
Civilians and rebels awaited you in Havana
Bastista and his family left Cuban soil

You became a Cuban Citizen, poet and diplomat
Your priority was to rebuild the country
You traveled through Russia, China and Latin American countries
With your revolutionary agenda

Your freedom cry took you to Africa
You organized your African brothers
Then returned to travel to Bolivia
With no help, your enemies took your life

You left us, you perished
You were born, with ideas of freedom
Your goal, to defend those who had nothing
Without concern for a holocaust death

Thank you, Bolivia's dream was yours
Thank you for being the source of inspiration, a universal icon
To fight until Latin America was united
For your courage without rest, thank you
Commander Che Guevara.

Uncle Francisco

Uncle Francisco
In a humble and small cabin
With hens and the smell of hand-made tortillas
With the fortunate joy of your parents
To the light you emerged, savoring the peasant aroma

Uncle Francisco
Since you were little you coexisted with the nature
The science of God with eagerness you learned
Of justice you got dressed, it was your tone of voice
Thousands of voices proclaim you judge-Salomon

Uncle Francisco
So much knowledge in your privilege mind
Although of school you were a constant absent
The language of Cervantes, you handled with skill
When discussing articles of the agrarian reform

Uncle Francisco
Politician from your skin to the pulp of your bones
Always, an answer from Christ to your adversaries
In politic dissertations, I did not see you ever defeated
The hero from La Venta and fellow citizen you were

123

Uncle Francisco

You didn't lack of talent, to manage the commissary

As much as the one who wrote it, the agrarian law you knew

Your daring, personal value, charisma and knowledge

The deadly tools that took you to success

Uncle Francisco

I have always thought with certainty

That for a man to prevail in life

Must exist behind, an omnipotent being

Where "Doña Beta" occupies a preponderant place

Uncle Francisco

When from Purga to La Venta I saw you walking

I watched a Quixote riding

Your horse and you like a sparkling dandy

Manifesting faith in yourself, dominating encouragement

Uncle Francisco

To Mexico City, you used to go without stopping

To the office of the Agrarian Reform, in San Lazaro

With the only unalterable intention

That the land was distributed evenly, without distinction

Uncle Francisco

The sofa in the porch of your house

Awaits Uncle Vidal and his pleasant talk

From his chat you learned philosophy and politic

You assayed knowledge with extreme mastery

Uncle Francisco

Your unexpected departure surprised me

I miss you so much, friends and family

Leaving your big legacy, made my life

Because genius and figure you were even at your departure.

Friend Manuel

Faithful participant of the revolution
Countless Christmases you enjoyed
You were unaware of your long-lived age
Your faded face manifested your difficulty

Errant for life was your constant bitterness
Humility and kindness were your lethal arms
You had a great charisma, abundant sympathy
You used to eat in a hurry, water was not your best ally

I miss your verses and adventures in stories
I miss your unique style, like if true they were
With your magic you turned the devil into a good angel
Despite people see it, as the king of hell

With an accent of sadness in your eyes
That parenthood you had not met, you commented
That the bright star was your way and guide
That the angel hugged you in its soul and heart

Today it seems you have disappeared
But it is not true, don't you believe it
It is not your subject, but your legacy
Life, trees, friends were your stories with me

You saw the light in the state of Michoacan
The recruit turned you into traveler
To fight at an early time uprooted you
Thinking about returning, you never came back to your homeland

St. Francis was an animal lover
You, at your advanced age, nature's apostle
You gave yourself to it with lots of zeal and determination
So much was your faith, that you made paradise out of desert

From humble parents and crib you emerged
You didn't know how to read nor write, until your adolescence
At the college of life, you found science
You devoured the books you found in trashcans

Being at your burial was not possible for me
I found out about your brief departure out of time
I cannot conceive the idea that you are gone, my chest cries
For you a prayer and with the eternal may your soul rest

With Mexican accent and upstanding voice you were born
At your ninety years, you used to walk upright
Don't you worry about the trees for they are also my friends
Rest in peace, because your talent remains here.

Rule

You were originally from Chihuahua
Born with the soul of the open plain
With determination you studied in the United States
Now you are a proud Chiuhuahuense!

Lives and customs were watched carefully
By your native ancestors in the sky
Your lens capturing the forgotten
Poor, unsurpassed in history

Coming from a border town
The Anglo influence wasn't lost
Your thermometer of mercury, liberates adrenaline
Whose passion you enjoy like a sailor

In your revolutionary facet
Looking for questions and answers
Always arriving at the same conclusion
To speak with your lens, to organize your vital sign

Nobleman and gentleman, without a doubt
Your attire suffered a metamorphosis
A combination of Pachuco and Bonanza
But, don't worry, you're original, friend

Alchemist of time and life
Tearing thousands of years from your calendar
In front of your computer, how marvelous!
In each keystroke you build up dreams

I met you on a road turn
Organizing North Denver
Riding a horse by the name Red Baron
The cause abandoned us, cardiac arrest

In revolutionary marches
You distinguished yourself like Marcus Aurelius
Apostle of faith, enthusiast
March and Engels listen to your cry for freedom

As of today, each evening
A new flower waits for you in Boulder
It feels the beauty of Chabela Vargas
It is incredible, woman, enormous

In a five point star, Rule
I found your solidarity and brotherhood
I am grateful since, to know you
For your big heart and talent; this poem is for you.

129

Monica

Some yesterdays ago
To the light you emerged
In the wonderful state
Place of illustrious men

One evening your commentary
That you were the daughter of eminent tribune
Liberal ideas in your mind moved
The balance of justice, your hands owned

Behind your friend and father
A woman of extreme qualities
Guide and refuge in your eternal days
Without her, he would not have touched the sky

It is worth mentioning
Your development between doll games
With the conscience of justice well planted
Because it is in all the cells of your body

The brightness of your eyes denotes
Sincerity, as far as where the seagulls go
You bring in your soul the lamp of Demosthenes
And the skills of the good prudent Socrates

From your natal Jalisco
After a dream, you arrived to the United States
A new adventure is written
In the ineffaceable pages of your story

Tattoo of an immigrant; suffering
In the soul of our people you found breath
You united to the multitude of eternal hands
Of God, innate particle

You were born a revolutionary
In Downtown, Denver the footprints of your march
Your fight; more than twenty years has
For human and labor rights you are tireless

Your personal signature, is for life leader
I have been faithful witness
In speeches and different events
To get us out of trouble is your talent

I dedicate this poem to the excellent woman
Because honor to whom honor deserves
With SEIU you reached a star
Thanks, Monica for being a friend, mentor, and partner.

Leah

Your name is rhyme and harmony
Then, you are poetry
With lots of cloth from which to cut
Because you are intolerably beautiful, as well

Once she invited me to walk in the mountains
She came for me as the sun washed my eyes
We galloped on a brilliant steed
It was noble and wise like Rocinante

We got to our destiny in a hurry
 The dew blessed its smooth skin
You asked the forest ranger in the dim light
With your perfect English and the kindness that defines you

In the first phase of the Boulder hills
We breathed the liberating breathes
A wren gave us welcome
With her sky eyes she watched us

On our way we encountered "Jepeto"
He came from war with dead arms
Amongst revolutionary conversations
We conquered the top of the mountain.

Leah, it is futile to manifest

That liberal ideas, rallies and strike

Are etched into your vocabulary

With strength and effort of stone and chisel

Because I have been a faithful observer

You fight, as if tearing up the skin

Because in each protest of freedom

And each step, you leave your heart and soul

Lover of good wine and champagne

Of good food, company and light hearted conversation

The authority of a captain is heard in your voice

You love your friends, brothers in revolution

You cry the farewells, as Facundo Cabral

Your crystal tears fell to the ground

When Desiree and your grandpa left

Your suffering broke forth as rivers of gold

Leah, I tried to carry in these verses

Your edifying humbleness, a sublime example

Because you know how o be a friend, a sister forever

Thank you for making me part of your friendship.

Desiree

You arrived at this revolutionary atmosphere
When these terms were oxidized
You were unexpected angel, providential
Your anger erased the rust, it was lethal

My mind three images files
Of your successful, revolutionary walking
Innate power, in order to handle crowds
You were our field marshal in Louisville

Kindness to all test "Gift of Goodness"
What I remember about you is the most sublime
A world of successes, I can sincerely predict for you
Because you and only you, are a thousand in one

When you entered the union office
Your delicate feet stepped on dead carnations
They were dying and you injected them vitality
Fresh they emerged, defended the humanity

I do not consider trivial to declare
That you are pretty as a spring flower
Your beauty is without doubt
Product of your parents, kind, good

Sure of yourself is your voice tone

Clear voice, as a just judge

Constant, invariable, in labor fights

With an ominous murmur to titans, you made evil shake

You arrived with a body of chrysalis, to the premises

The hands in relief welcomed you

Focused by the gaze of "Che Guevara and Cesar Chavez"

Emancipators air, they bathed your white complexion

While you were, in local SEIU 105

It in my opinion, it was brilliant and fruitful

You defended, like a lioness, the membership

Today I pay tribute to you, with this humble poem

I admire and appreciate you, as you have no idea

Because your hands and mind work for justice

Leading helpless and weak beings

In proclamations, we were invincible on the streets

I reiterate by ninth time to you, my estimation

By your maternal English and your severe Spanish

For all that you taught us, thanks thousands

Never change and also thanks, thanks for existing.

Fallen angels

You have seen them walking on the sidewalks with no timetable
They call meeting in the refuge of the busses
They are angels, cherubs who have fallen from the heavens
To somehow teach or tempt us with goodness

Don't be afraid if you have the privilege to seen them
Offer them a friendly smile, a comforting look
Don't interrupt their unfortunate and slow pace
You can find them in downtown, Colfax and 16th streets

I ask myself, what will they do when the dark night falls
Winter and snowstorms come without fail
I have seen the uncertainly on their faces
No one waits for them at home, never, not even remotely

Nonetheless, these angels have the sublime capability
To smile to all the wanderers
Observing the future, always with the same equation
Moving about the benches, day and night, in the great city

You can offer them a coin, a cigarette
Don't ask your conscience why? Do it
Act simply and obey the wonderful heartbeat
Of sincere charity that exists in your heart

He thinks he is an unfortunate brother, unloved
But you were lucky today when you reached out your hand
His dirty face, his bony body, messed up hair
He carries the faithful image of Christ, humiliated and crucified

In his daily life, pushing the supermarket cart
Full of the things of a vagabond, which have been treasured in life
He becomes a security guard, to watch over them
This way no one would dare to rob him of his valuable belongings

When night arrives, any steel bench is a ready bed
Or the disproportioned ground
With cardboards, newspapers or the night itself they will cover
There does not exist a proper blanket to warm his body

I have spoken with some of these men, their stories are endless
They tell tales of unforgettable adventures
Philosophies of life ooze from the pores of their humanity
Honesty and sincerity are found on their incredulous faces

They sail on chimera ships, their compass is their dull face
They have no rudder, fixed destination or readable map
And as a result they arrive bruised on their arms and faces
Their indifferent misery has been damaged without concern

Someone told me, that they do not even attempt

To contact the eternal, no more prayers or requests

God ignored them, their hope got broken

With strong steps, towards their self-annihilation, they walk today

Jesus Christ, please give these people your compassion and peace

The serenity of your words for their complete liberation

My God, how powerless I feel, disgrace acts successfully

Since I cannot lift this brother of mine who asks for help

Their solitude is measured from their toes to the infinite universe

They proclaim you are not with us in our insanities, Lord

I approach them and tell them, that God is in each sunset

When a leave falls, or in the smile of a child His splendor is found

But their strength and self-esteem is on the floor

Their thoughts are unsteady, they no longer listen carefully

They move away singing a melody without rhythm or tune

The evening dusk is sister of their gentle look

I do not know what will become of them

Drunken or drugged, the majority wander

They quarrel between themselves in heated conversations

There are misfortunes, later, calm comes to them, quiet as stone.

Mother

Today for conventionalities imposed by society
Every 10th of May, we celebrate Mother's Day
We congratulate you, we give you gifts, at the table seating
You look happy, for me you are, pretty mother and insuperable

You, Cherub, my brothers and I talking
My past I observe, and sublime images come
Essential maker of my most wonderful attires
Without rest, always teaching me things

Maybe at the time, I didn't understand your effort to illustrate me
Today that I am mother, I understand it in a perfect way
These days you are my best friend, my sweet confident
Thank you mother, for being who you are and so beautiful

I was born with a mother's soul, to adore you every second
Once again thank you, for giving me you kindness without scrimp
Without offending the Eternal, that created this wonderful world
I consider you my source of inspiration, my hope.

In this poem, making use of his versatile talent, the poet possesses the soul of a woman (friend), so that she, would express beautiful words to her mother in her day.

María

Blood you spilled, to bring me to see the light
In your capsule of life, I lived for nine months exactly
I became your loving confident in a second
I was an embryo, I felt your crying, your dominating courage

You sealed with blood my unbreakable idolatry to you
You received me in your shelter that was my life, my strength
I sucked up for the first time the sap of your healthy calcium
Without offending God, my most sublime prayer goes your way

As a youngster, towards you I did not measured my bad behavior
Anguish the goodness that only a mother can give
Today I thought it over and you are my strong foundation
Wonder woman, you give life to another life

You are my favorite icon, I praise you incessantly
Perennial flower that doesn't shrivel with time
But instead it turns out more beautiful, more worthy
Thanks for being my light, my peace and my thought.

Grandmother Amanda

You left us a long time ago
Now from heaven you shine on us
With rays of benign star
I find childlike tenderness in old photos

When I was very young I met you
Your powerful voice impressed me
You were very discrete, you hid your knowledge
I still miss you, in mourning I am forever

I learned by other people's comments
That you were as beautiful as springtime
That your hair rolled profusely on your hips
That you inherited the noblesse of Spain

With your husband Severiano, you procreated ten children
Seven lovely and humble
That was your light, your inspiration, your valor
Three males, faithful copies of my grandfather

I don't know if you ever went to school
You were wise, I briefly conversed with you
You were born to be a leader
To tell jokes was not your stile

You lived stormy times in México
The revolution made you a widow
You became both parents, leading your family straight
Don Severiano was "taken" by the revolution

Your partner departed before you
Nothing was the same without Don Severiano
There was lack power, squandering of wealth
Being anguished and alone you sunk in depression

In your old age you smoked many cigars
The few occasions that I visited with you
"Son, did you bring me some cigars?" you inquired
Now I understand, they served to mitigate your suffering

I miss the flavor of your red rice
The stories of the revolution… of how you narrated them
Of your immaculate blond hair, the aroma
The smell of the "pochota" that bathed the roof with snow

With these words today I pay homage to you
People like you are so needed
Endless thanks for your valuable advice
I pray to God that your may rest in eternal life.

To my father

My father cultivated the land with care

He got.ahead of me on this journey without return

When he was thirty years old, he left without saying goodbye

From him I remember, infinity of details and things

His affable smile, his supportive hand

His harmony to see differently the daily events

Today that I am alone, without his joy

With fervor, I remember him

I cannot find answers, tears I waste

My father, enduring example in the sand of time

Of his human resistance, I was eyewitness

He used to invite me fishing, once in a while

Without protection he immersed into the deep waters

He was an excellent swimmer and brave diver

His lungs could resist the depth for a long time

It used to irritate me, to turn into spectator

Although I ignored what was happening to my father

I attribute my actions to my immaturity of youngster

Which advised me to return immediately to the cabin

On the way back, I walked sobbing, to the shack

Friends gave a thousand advices and showed me their care

My mother questioned at my arrival

I answered that he was dead, in the river he laid

In an instant, my mother on her knees, crying

To the eternal, she offered a prayer

Don't you cry mother, if dad has departed

As of today, I will defend you, I will be your sentry

As peace came back, the family summoned

The whole time my beloved grandma cried for him

Yet I cannot explain, why people with talent

Have to suffer in the life, cruel torments

Ending up in rags, wandering unlucky

Vagabond, without music or concerts, on the street

Searching the trash cans, really early

With the eagerness, of his needs soon to supply

That is how my father ended up, with his obstinate pride

Therefore, he never let anybody help him

Everyone considered him deceased since a long time ago

When I look for him, y awake

He is always there for me.

To my sublime wife

Today, in our 22nd anniversary, my sublime wife
Fervently, I wish to tell you that I idolize you
That our crazy love is alpha and omega
I love you with soul, spirit and insane irrationality
I tell you this for my passion is about to blow up
I want to shout to the world and to the four cardinal points
A scream of thanks, enthusiasm, peace and happiness

I reiterate this so you know that at night
When I pour my secrets to my pillow
The ship of my spirit loses his moorings
And meanders in unknown and infinite courses
It's jolted by the fatigue of the dawn
In grayish darkness, talks with my adored mother
The dialogue vanishes and becomes nothing

Because you appear in the scene, my sublime wife
You turn into my favorite interruption, my continuous affection
Since we began our relationship I always understood
That your kisses belong to me for eternity
Your pretty blue eyes resemble two quiet lakes
I pour and blend into you until I lose my mind
My words fail, I see my tears riding your cheeks

Pondering my memories, you, my sublime wife

With unexplainable joy and tender soul

I was thinking of myself being gigantic, huge, important

Good, dignifying, honest for you, only for you

Until now, to see my glowing hope

Once more I want to give you thanks… thanks for existing

Seraphim, angel, cherub of my never ending dreams

I am fortunate for the beautiful wife that I have had

Dulcinea, I fall sleep and awake with you at my side

Becoming one and adoring each other

You, my sublime wife, always enthusiastic

I, always satisfied, both one single atom

Both, one single and exiting reflection

Walking side to side, ignoring adversity

The only thing missing in the mist of us

Our parents, our children and God

Blessing our happiness, our union

Reaffirming, so you know, my sublime wife

That today, arriving at anniversary twenty two

Today and forever and ever, I thank you

For the beautiful children that you have given me

For the endless moments of bliss

146

For the ominous moments, why not?

I wish, with firm conviction, my sublime wife

That you understand and remember

That to me you are, were and will be

The enlightenment of my darkness

The nectar of my flowers, huge heart, eternal youth

Benign light, my everything, my sublime wife.

To Porfiria or Minerva

Sister Porfiria, or Minerva, I don't even know what to call you
Since long ago, your given name you changed
Either one is the same, we did not lose the tie of brotherhood
I write up these lines, to state how much my heart misses you

You were born for lots of reasons, preponderant and privileged
Our mother showed you everything there was to show
You became the mentor, of the brothers that were born after you
To this, you put your best effort, I assure you

I learned from you the courage to conquer this world
Enterprising woman, you fill me with astonishment.
I didn't know a quiet Minerva, she was always in total ebullition
Telling stories, to your return with suffered passion

You were... more than once, our mother
You were really crazy, nevertheless people adored you
Even though time and distance gets us apart, you are in my mind
I miss you, sister, I don't forget you, even though you're not here.

Luz María

My sweet and unforgettable sister, Luz Maria

You left us, in matter, forever

You never knew it but I saw you as an omnipotent being

You had action and results, tenderness that irradiated day to day

Many folks in Veracruz miss that great fighter

Women like you appear every millennium as a whisper

You were my friend and, as my sister, my greatest pride

I don't stop praying for you, so your soul will rest

Sister, now that you are not among us

I keep your memories within me daily your spirit walks with me

Luz Maria, you left your mark engraved to infinitum

With a thousand gifts on your lap, a never absent mother

Suddenly, I draw you in my memory, dear sister

With a clear shine on your halo, I finish

Is it because you are and will be God's favorite angel

Leaving your sainthood to be our sister?

Thanks for investing your valuable time with me

For your reprimands when they were required

For your talks about improvement and self esteem

But more so, thanks little sister, for having ever existed.

Aunt Beda

The spring breezes of La Venta witnessed your birth
Without a doubt Purga was your preferred town
You left your second home at an early age
To help your parents, as a housekeeper

You went to hear the bell at the rural school
You had no other choice but to work the land
With your beloved sister, Francisca
 You both were sentries in your native land

You barely enjoyed your youth
You married so young
Later, five children you bore in Veracruz.
They are your happiness and the light of your eyes

Your husband, Oliverio Lara was a folkloric singer
He earned a living in Los Portales and at the boardwalk
You, complying with your duties
Like a lioness caring for her young

As with all impassioned humans
To this endeavor you skimped on nothing
You gave yourself to your husband and children in body and soul
Destructive gossip you encountered from various people

Oliverio received a great opportunity
To come to this country and show his folklore
He gave you his promise
To send for you if all went well

He didn't forget his promise as time passed
She prayed to the Virgin of Guadalupe to come to this country
She crossed the border with more fear than desire
To come in contact with the culture of the Anglo-Saxons

With his children now living in the United States
She learned to play the *"jarana"*
With his familiar folkloric group
He played the "Jarochos" songs all over the American Union

Success was so sweet
Unfortunate consequences came to this couple
Infidelity and domestic violence, Tia Beda, you endure in silence
For your self-esteem, you needed to end this relationship

I have never understood people
Who only pay tribute to other at the time of their death
Ever since you were born, you are a blossomed flower
That is why today, I dedicate this poem to you in its entire candor.

The mother of an immigrant

Mother

I write you these few lines hoping you are well from day to day

I find myself today as an immigrant in this strange country

I feel and long for the nostalgia of your smile

Your religious "Good Morning" and the goodness in your hands

Mother

As an immigrant, you cannot know how vulnerable I am

I miss the gaze you offered daily, crystalline and gracious

Your wisdom and knowledge gathered in many years

The philanthropy which you give to your fellow brothers

Mother

In this immigrant-country I wake up and work

With faith and fervor I give thanks to God's goodness

For saving me from an early death

But above all, for being a molecule of your flesh and heart

Mother

Here, like countless immigrants, I live in exile and fear

I have suffered discrimination, hunger, thirst, rain, snow and hail

In that moment there is your angelic eyesight which I never forget

When I stumble, like a hammer, you strike my will to fight

Mother

Thanks for your good wishes, blessings, for being who you are

I see you in your daily chores, I perceive your prodigious sight

You are a burning torch in the Mountains of Everest

An angel that appears in my dreams, I see you as a goddess

Mother

I cannot know what awaits for me in the future as an immigrant

Impossible to know if I will die poor, in misery or rich

How I will be dammed, ten thousand times over, if I forget you

I would die in peace knowing I was a son of a Mexican woman.

Micaela

A slim maiden, dressed in red
Anxiously awaits me in the entryway
With a smile and open arms
It surprises me, the cold of her ears

She is so fragile, so thin and sickly
That I dare to call her Micaela
I should recognize her bravery of a tiger
On the highway she gives her all

With the high sun in mountains and prairies
Agile she goes scratching the inclement wind
I praise her with affection, let go Micaela
With infinite peace, the sierra we will conquer

Micaela has dark skin, polished like the wing of a fly
Even though you are extremely thin, I love you
It is not me, who must change your nature
I have no right, although I own you

Too much time has passed and I don't forget
Your enthusiasm, to face life
When at the doors of a new city we arrive
We both celebrate the conquest

Your diminutive feet, nude, fragile
Among thorns and broken glass they walk
They gave with certainty, in your Achilles heel
Even so, you fought like Carlo Magno

And then the evil nail
That deflates your beauty
Gaunt, wasted away, without definite destination
Leaning on me, I took you to the pharmacy

Rapidly, I bought your medicines
Band-Aids, ointments and peroxide
I wash your wound well and apply a bandage
Micaela, the road back home awaits us.

Mexican pink sweater

I was, a long time ago
In the mind, of a captain tailor
Several of his subalterns
My extremities were distributing

Among operating rooms
Many surgeries
Incisions of multiple pins
Today a reality, what was once a dream

They gave me to my creditors
I was the friend of a mannequin
I navigated between sheets and eiderdowns
Conversations with foreign accent

Chamber of crystal, my house
My company, immovable eyes
Abstract things, I used to listen to
One fine day, I changed owner

Since that moment, until short date
I became a fashion-sensation
My business agenda, full
Then, the invoice of time charged me

I had occasional jobs
My self-esteem suffered, declined
My cheekbones sank, my aspect hurt
And what I was, I am no longer

I am in a gloomy sky at the moment
Hanging from a forged iron
In the road, to the companions at table
I give them the abundance of a beggar

However, thankful with life
An elderly home, was not my sunset
But do not pay attention, Laura
I am a Mexican pink sweater.

Beautiful woman

Beauty, the wind falls in love with your sensual walk

When you wake, the fallen angels

Become mortals and pay you honors

Upon touching your exciting body and chill

If with a friend I find myself hiding

By the hand with you I go circumstantially

Lustful look, right away I describe

Jealous I am, my mind becomes altered because of you

Exquisite and beautiful are you, completely

You make me crazy, your beautiful red lips

Then, words of admiration emerge

And I don't know how to tell them to you because I am shy

It was a few yesterdays ago that I met you

Now tattooed on my skin you are

You are unreachable like the light of a ruby

When you are next to me, my soul rests

Of your sweet, small mouth, I fell in love

Of your blessed madness

Of your tender waters and your narrow waist

Of your soul of a tender girl, so beautiful

I don't know to whom you owe, those flirtatious eyes
That irradiate light and so much tenderness
I love them because they are too coquettish
If they look at me, it is a reward that gives me the moon

To your parents, you owe them with certainty
From the mother land came her small feet
Her mother was unbearable beautiful
Her inner humbleness was her best bequest

You have said that to fall in love, you are old
You have so many attributes, that I become skeptical
Sensual to walk, young heart, in your five decades
Passion for loving, that the queens of the universe envy

Balsam of a spring breeze is your face
Refreshing waterfall, your abundant hair
Your restless hands, incalculable treasure
I play with your navel in a dishonest stance

I tear the sheets of the calendar in a hurry
So that every weekend when I see you, I tremble
Hit me with your kiss, eternal breeze
Please, return with your smile, and conquer me.

Chestnut mare

You know then, that I am happy

Because when I empty myself

In your body of marine wave

I place myself in your rose

That impatiently waits for me

With open arms

And with a smile, welcomes me

You know then, that I am happy

When my black pupils

Are filled with your petal-skin

And you bare your shyness

You moan to me to stay quiet

I explore with my hands

Your perfect human geography

You know then, that I am happy

I stop to rest in your waters

I savor your hidden sap

Of pure virgin and honey

Diaphanous, and immaculate

I suck the nectar of your love... until

Exhaustion and I end up love... drunk

You know then, that I'm happy

For a determined point

From the plane of my eventful life

I look, and… it ends

And just like a cowboy I ride

On a chestnut mare

That isn't quiet for one moment

I continue to gallop with faith

And in the final instant

When I touch the tip of the infinite

You surprise me, with a beckoning cry

Don't stop, continue, continue, continue…

But your request is useless

Because in this crazy race

I lose control of the reins

I continue, galloping on my wild chestnut mare

On this flight, the quiet night is wounded

Ripping from its entrails… lights

The dagger doesn't succeed in pulling from my mare

Not a scream of pain, nor a sigh

You know then, that I'm happy

Because our behaviors are

A cry of happiness never heard before

A fairy tale, perhaps a fable

Perhaps you don't see it

But my wild chestnut mare

With tears from the quiet night

You know then, that I'm happy

You cannot imagine

Two wings have been born on my mare

And like Icarus or the Phoenix

It rises from the ashes in flight

It flies with the sky, it is a great master

A titan or better yet... The Eternal.

I have so much desire

I have so much desire; to hold you in my arms

Although they don't have the strength and vigor of the wind

To caress you with my weak hands… to continue

Kissing your beautiful angelical face

In your wonderful thoughts, to navigate

Until finding the reason, to your morning light

To stay quiet, enjoying the moment

To never want to arrive to the port

I have so much desire, to drink your sweet nectar

Of hidden honey, that my sense misses

To explore your oasis, become a climber

And hike your mountains

To walk to slow cadence, to sleep in your footpaths

And so that a tomorrow is not impossible, beg to the eternal

Sunk in my dreams, to talk

With your molecules, in the most recondite of your depths

I have so much desire to completely see myself

In the mirror of your two beautiful stars

That God gave you

To the sky of your face, pink-pearly

To die of ecstasy, when kissing the rainbow of your stars
With the thought and gentleness already accustomed
Once again, walk over your cheeks for the umpteenth time
Kiss your exquisite and natural essence

I have so much desire, to fuse myself in your lips
Mature strawberry, and a burning kiss
When inhaling your breath lose my senses
Rose bush, you drive me crazy

To row in the canoes of your cells
To wake up and discover in your smile, happiness
To come back to life and re take the road
Traveling in the curves of your waistline, this time.

Lucia, friend and partner from Wells Fargo

Lucia, friend and partner from the Wells Fargo bank
I don't know when the sky gave you its first crystalline look
Also, I ignore in what year the spring its beauty inherited to you
You have an immaculate soul, like there is no other in our days

Lucia, friend and partner from the Wells Fargo bank
I do not know others, but when I hear people mention your name
All my thought converges, in beings with enchantments
I see you as a sweet woman, kind, sincere

Lucia, friend and partner from the Wells Fargo bank
You are full of incredible ideas
I haven't found the right adjectives in Spanish to describe you
And so, I will call you, star

Lucia, friend and partner from the Wells Fargo bank
With reason, you are forever a star
Your beauty travels leaving its mark in the universe
You know, you irradiates permanent tenderness

Lucia, friend and partner from the Wells Fargo bank
It is a privilege to see you walking happy, pleasant
Your friendship is the best reward that God gave me
If suddenly I go away, I will remember you as a beautiful star.

Sandra

Sandra

Precisely today you were wrapped in beauty

To cruelly humiliate the universe

I'm sure you did not do it with much strength

Your natural beauty is a gift God granted you

Sandra

I'm dying for your olive skin, tender glance, soft skin

You were born with angelical talent that suddenly walks the street

Anything your marvelous eyes see becomes adorned

Lucky me because you bewitched me with your caressing eyes

Sandra

You are moonlight, worthy word of timely consolation

Sublime passion, shapely reality, loyal confidant

To be with you uplifts me to eternity, full of satisfaction

I devour hours to be present in front of your eyes

Sandra

Relentlessly, I think about you the 24 hours of the day

I come to you crazy and drunk with love

For your dark skin, Infinite pleasure to the senses

God granted me the miracle of engraving my name on your heart.

Lucy

I would be lying if I told you that I have not thought about you
I am tied to you, like a shipwreck victim to his lifesaver
I have walked a thousand distances and I have found you here
I fainted from thirst, I found you, my faith was consolidated

I battled to forget you, I never succeeded
Your edifying image; my appetite enriched
Your body, like a wave, kissed my sand on the beach
I cried, miracle, my tears carried your image, I was impressed

Lucy, bitter cry, you belong to a sublime level, high
You have someone to make you happy and share your sorrows
Your eyes condemned me to be on my knees before you
I take it as a faithful servant, your highness

I suffer like a mad person, when I awake; to know you far away
I know that your body and soul belong to someone else
I confess my error, infamous sunset, waits for me
My heart tenders, kissing the earring hanging from your ear.

Selphia

Selphia, I'm still sitting next to you
Eagerly waiting your glance would project on me
With great fervor wishing that your velvety hand
Would caress my suffering soul, crumbled because of you

Selphia, I'm still sitting next to you
In this park that, with melancholic tears, I walked
My thoughts explore your perfect body for the umpteenth time
I pour myself into your eyes, find myself inside your pupils

Selphia, I'm still sitting next to you
Your laughter, incentive that cheers up my frantic existence
The neat and sweet sound of your Mexican accent
Has the same power to which Christ raised Lazarus from the dead

Selphia, I'm still sitting next to you
I must realize that your silence is simplicity and philosophy
I'm stunned, seeing your five magnificent stars on your neck
Being next to you is constant ecstasy; it's like kissing the universe.

Moroccan Woman

When I saw you at the corner of Dahlia and Evans
With a knot in my throat, nervously, I asked you
The time and the forecast of the grey day
With your foreign accent you answered my questions

Moroccan Woman
I discovered, with my poor, fast beating heart
That you were my soul mate and that I was born to love you
For your abundant black hair, I fainted
I curled on your lap of roses... I haven't ceased adoring you

Moroccan Woman
That meeting was the prelude of many a furtive rendezvous
Dahlia and Evans streets were mute accomplices
I loved to see your hair as a morning cascade
Constantly falling profusely on your back

Moroccan Woman
On a sad, rainy April morning
Walking by Colorado Boulevard holding your hand
You confessed that your staying here was impossible

169

A feeling of desperation clouded my mind

Moroccan Woman

I didn't know what to say, my hope was resting on you

Today, distance and time have past, I want to admit

I fell in love with your Arabian skin, your complicated language

With your proud stance, worthy of an oriental queen

Moroccan Woman

Had you stayed I would be prostrated in front of you.

As a result of your gorgeous gait, African lass

Although I am a plebeian, I did not give up on you

Azhiza is an uncommon name among Mexican folk

Moroccan Woman

Figuring things out, everything distances us

Your high social stance, your Islamic religion

You left a broken heart, bleeding passionately for you

My laborer blood also stains red my days

Moroccan Woman

I know that I never did belong to your solar iridescence

Even so, in the corner of Dahlia and Evans, my soul waits for you

You didn't think I was worth "good bye" or a "see you later"

I do not forget you natural beauty and pretty smile

Moroccan Woman

I ask myself frequently if I will be able to forget you

You show up in my dreams as the main character

I sail on your poetic body that I once navigated

I yell with despair your name towards the infinite east

Moroccan Woman

But you won't come back to me, even by mistake

My praying is fruitless, black tears wither my face

I confuse you with contempt, I hug my pillow with faithful frenzy

But if you come back, I will be there, waiting in the corner of

Dahlia and Evans.

Rimas, Líderes: Patraca

(poemas escritos durante noviembre de 2012-Octubre de 2013)

Rosa Parks

Voy a contar una historia
De enclenque mujer negra
Corazón valeroso, fuerte
Ímpetu de mar, ¡abajo insanos, dementes!

Cuentan, nació en Alabama
A temprana edad, trabajó en su finca
Con su madre Leona y abuelos
De inmediato su padre le dijo adiós

Afanosa, acudió a la escuela
Primera letra, en condiciones paupérrimas
Y la escuela industrial ¡cómo olvidarlo!
Staff con tez blanca el denominador

Entre bautizos del KKK
Fustigadores blancos con capuchas
Sueños de Rosa, aterradores
Fantasmas, miedo y valor a la vez

En carne propia la depresión de los 30's
Tristeza, indigentes por dondequiera

175

De discriminación racial ¡ni hablamos!
Odio, colgados en los estados sureños

Allá por el año de 1943 Fue
Secretaria de la NAACP
Trabajó arduamente en su Cd. natal
En toda la nación preponderante emblema

Por negar a pararte del asiento
No te resististe al arresto
Acto de valentía, juicio y huellas digitales
Chispa libertadora de los derechos civiles

Rosa, ese primero de diciembre del 57
Fue el preludio de resistencia interminable
Rubricas personales, juicio y acto de valentía
De los derechos civiles, chispa libertaria

Ni tardos ni perezosos
M.L.K y Ralph, reverendos ambos.
Con pasión incitando a los feligreses
Boicot en Montgomery a los autobuses

Lucha incesante con denuedo

Se sacuden, batallan codo con codo
La solidaridad brilla sin cesar
De la comunidad negra en general

En el trance M.L.K. y seguidores
Huéspedes asiduos de la cárcel
Por conspirar contra injustas leyes
Líder vitalicio de los derechos civiles

La corte federal falló a favor de la causa
Desde el 1956, la comunidad negra
Puede elegir libremente
Un sitio en el autobús como toda gente

Gracias Rosa Parks, por luchar
Contra segregación, leyes injustas
La esclavitud contenida en la constitución
¡Insensatez! Leyes, por diablos y demonios

Gracias de nueva cuenta por atreverte
Icono nacional de la causa interminable
En Washington, tu talento en mítines
Alzando la voz, para que todos seamos libres.

Emily Parkey

Combatiente eficaz

Del corazón hasta la medula

En marcha revolucionaria

Alzando ecos de libertad

¡Te acuerdas valiente!

En conflicto con dementes

Tu organizadora voz

Siempre, poderosa inyección

Emily, con derecho para todos

Te entregaste con sublime pasión

Diste más de lo necesario

Rescatando, a los sin nombre, olvidados

Enterado estoy, que donde vayas

Formando líderes, continuarás

Ceño y vista levanten, luchando

Por su identidad, galardón estimado

Emily, gracias hasta el infinito

Por tu lágrima, ternura, talento

Sangre de lideresa recorre tu cuerpo

Tu ayuda, alcanzó estrella en el universo.

Cesar Chávez

De piel cobriza, el chamaco
Ancestros, patria morena
Un 31 de marzo de 1927, en Arizona
Cesar Estrada Chávez, nació

No-violento célula, estirpe
La palanca de Arquímedes movió
Activista, corajudo, mancebo
De Librado y Juana Chávez

De la depresión del 29', sobreviviente
Las inclemencias del tiempo
Y falta de trabajo en el terruño
A engrosar filas de indigentes

Infancia y adolescencia
En el Ford y recogiendo la cosecha
Vejaciones, maltratos y prejuicios
Sufriendo en carne propia

En faceta de Judío errante
Siempre, jornalero migratorio

Uvas, manzanas, lechuga y otros
Debajo del árbol, cansados duermen

Los niños no iban a la escuela
Con sol a cuestas y encuclillados
Desentrañando el producto
De la bondadosa, madre tierra

Llegaron sus 15 años
En su haber, múltiples escuelas
Por ende, condiciones paupérrimas
Precario sustento, en harapos, descontento

Libros y letras va suprimiendo
Púber a la Segunda Guerra Mundial
En el cuartel, prejuicios experimenta
Hijo adoptivo, México- Americano

Regresa al sur de California
A trabajar en los campos
Comprometiéndose en matrimonio
Con la dama, Helen Fabela

Decidido con fe inaudita

A cambiar del pobre la situación
En especial del campesino migratorio
Conocer a Ken Ross, fue providencial

Se involucra en trabajo comunitario
Con denuedo, habla a las masas
"Somos pobres, pero sabemos hacer las cosas
Ganaremos, si nos organizamos"

Allá por el 1959, con prácticas injustas
De México llegan los "Braceros"
Trato de animales, ínfimos salarios
Sustituyendo al jornalero local

Constituye la U.F.W inicia la batalla
El primo Manuel de inmediato
Un águila negra en fondo rojo
Bandera de boicot, marchas por la causa

1966, marchistas de Delano a Sacramento
Con la "Lupe", en fondo rojo el águila negra
Chávez, Dolores Huerta y activistas
Al país de las barras y estrellas un giro manifiesto

El dogma de Cristo fue pacifista

En los Estados Unidos Chávez lo hizo operativo

El pan justiciero, con Kennedy y Jessy Jackson

Fieles, creyentes, para izar "la causa"

Apóstol de la no- violencia

A su funeral más de 50,000 gentes

"Viva Cesar Chávez hoy, mañana y siempre"

Gracias infinita, estimado Cesar, hiciste la diferencia.

Zapata

Su lugar de nacimiento
Fue sin duda Anenecuilco
Donde el agua se arremolina, en Náhuatl
De escasa letra y escuela

Fue humilde su cuna
De familia honrada
En sus mozos años labriego
A sus padres, fiel devoción

De escuincle las injusticias
Despojados de sus tierras
A su padre cuestionó
El por qué de su llanto

Nos han robado, expresó
Y por qué no pelean, el niño replicó
Son tiranos con hartas armas
De grande voy a recuperarlas

En el terruño su vida siguió
La charrería aprendió

Guiar el caballo con destreza
Vago a la enésima potencia

Cabizbajo, ermitaño
Muy enamorado "el pelao"
A veces de estampida
Por mujeres resentidas

De charro su indumentaria
Pantalón casimir, espuelas
Pistola y sombrero enorme
Con sus botas inseparable

Ranchero de a caballo
Receloso y enamorado
Empezó su lucha armada
En su patria chica, natal

De patriarcas, recibió zapata
La jefatura, y caja de lata
Con los títulos en su interior
Hasta... su muerte los cuidó

Efusivo, pronunció zapata

Revoluciones arribarán
Combatiré las injusticias con fe
Hasta la muerte claudicaré

Decidido, cercas derribó
La tierra, repartió
Las autoridades de Cuautla
Y villa de Ayala, alegaron nada

Entre amigos, "Miliano"
Al ejército consignado
Aprendió artes de guerra
Desertó, saboreó su libertad

Pablo torres Burgos, su maestro
Miliano, coronel, por el ejecutivo
A Torres Burgos, lo aniquilan
Jura vengarlo Zapata

Surge el alboroto maderista
Emiliano empuña las armas
Eufemio, su brazo derecho
Su lugarteniente, Otilio Montaño

El plan de S. Luís, proclama Madero
Se alzan otros jefes sureños
Genovevo de O y Gabriel Tepepa
Los Figueroa, también se sublevan

Del plan de San Luís, los artículos
Restituir las tierras a los pueblos
Dignidad e igualdad, prometía
Al llegar a la presidencia, lo cumpliría

Toma Cuautla, Emiliano
Se erige líder combatido
A la caída del dictador Díaz
Desterrado a Francia

El caudillo llega a México
A entrevistarse con Madero
El dialogo emprenden
Exige las tierras de su gente

Reitera la promesa
El revolucionario a la espera
Condiciones pone Madero
Deponer las armas y tiempo

Integérrimo general, lo denominaban
El "Atila del Sur" algunos periodistas
José María Lozano, otro correligionario
Lo comparaba con "Espartaco"

1911, a mediados
General Huerta, traicionero
Con las turbas casi acaba
Sin armas, mentiras, los colgaban

No cumplió la presidencia
Un Cristo armado con "metralla"
Acabar con los "pelones"
Y todos los que dañen a los pobres

Completamente convencido
El revolucionario traicionado
Lo amenaza frente a frente
Iré a la capital y lo colgaré

Aquella amenaza de muerte
Comentó el presidente
Era desesperación e impotencia

187

Tenían siglos de paciencia

Comentaba el caudillo
Al bandolero, yo lo entiendo
Quizás lo hace por necesidad
Pero a los traidores, nunca jamás

Al acoso de los "pelones"
Y al frente Juvencio Robles
Aniquilar rebeldes, el objetivo
Y Genovevo de O, el dinamitero

Practiquen la recolonización
Exige Huerta, el usurpador
Hombres, niños y mujeres
Listo… para lo que viniere

De Zapata, la Resistencia
Mucho ánimo y pocas balas
Villa no sufrió de esto
Tenía abundantes "pertrechos"

Ambos se reúnen en Xochimilco
Villa, desdeña puestos políticos

Sentencia con el machete, Zapata
Usted y sus "las tierritas" finalizó Villa

Sin abrazo fraternal de "Acatempan"
Con adversa visión revolucionaria
Traicionaron su pacto, no lo cumplieron
Villa no envió los "pertrechos" al sureño

Juan Sarabia y Luis Cabrera
Creyentes de la reforma agraria
La convención, rotundo fracaso
El insurgente le da carpetazo

Vocal del general Palafox
A Carranza, le advierte enérgico
Acatar el plan de Ayala
Y En su gabinete, a un zapatista

En la convención de Aguascalientes
Sin sureños con delegados intelectuales
Refrendo, fracasó el ejecutivo
Se erige el revolucionario

Los lideres en México de nueva cuenta

Los recibe como inerme princesa

Falsean la causa, la prensa del estado

Rebeldes, gente honesta del pueblo

De charro, el rebelde sureño

Moreno y enorme sombrero

En el desfile, lo observaban

Al "Atila" empuñando las armas

A deslindar, llegaron "los ingenieritos"

Marte R. Gómez y Carrillo Puerto

A Marte R Gómez; dijo Zapata

"El lindero va a ser el tecorral como dice la mapa"

Agosto de 1915, la ruina zapatista

Con Pablo González, terrible violencia

Juvencio Robles, horrendos métodos

Incendios, saqueos y asesinatos

Misiva hasta San Antonio a su agente

Hay saqueos, colgados y rabia impotente

Casas, calles e iglesias son estiercoleras

A los pacíficos se los llevaron a viva fuerza

Rencillas entre los zapatistas
De un balazo cae Amador Salazar
En riña suicida fenece Eufemio
Pendiendo de un árbol, Otilio Montaño

Cae el maleficio de la naturaleza
Estela de muerte, el tifo, y la disentería
El eco bíblico, el hambre y la peste
Al mito viviente lo sigue su gente

Para 1918 era un fugitivo
Huyendo y más desconfiado
Vaticinaba la invasión Americana
Serio, amó a México con toda su alma

Desenlace del señor de Morelos
El que rechazaba la traición
Caería en una emboscada
"pelones" la traición la maquinaban

Jesús Guajardo y su jefe Pablo González
Viles, autores intelectuales
La traición en el poblado de Chinameca
Las balas cobardes… cae mi General Zapata

Después de su muerte mito y leyenda

En su "as de oros" cabalgaba

Juran que vive en Anenecuilco

Estoy seguro, que es legendario icono

Cayó como los héroes: de frente a la muerte

Los diablos nos han gobernado desde los ayeres

En el cielo con Hidalgo, sigues tu lucha revolucionaria

"Tierra y Libertad" integérrimo General Emiliano Zapata.

Emily Zisette

Aquella mañana en el capitolio
Nuestras células, ecuación, viento revolucionario
Incansable ondeabas la bandera de colores
Una voz, un sólo corazón, mosaico de naciones

De retorno saboreando mil experiencias
Micrófono abierto en la madrugada
Reforma migratoria y justicia por janitors
Compartí, lo mejor de mi repertorio

Amiga, gracias hasta el infinito
Por tu solidaridad y beldad externa e interna
Seguir luchando a tu lado… Quisiera
Pero la vida implica…Separaciones continuas

Sin equívoco es ciencia cierta
Que en Seattle o donde elijas residencia
Siempre como un tatuaje contigo
Algarabía bastante, bandera multicolor y canto libertario.

Gandhi

Inesperada aurora
Un 2 de octubre del 1869
En la porteña, Porbandar
Acaudalado, casta de comerciantes

A usos y costumbres, fieles
Ambos sin saber leer ni escribir
Y por ende adolescentes
Se unen Kasturba y Gandhi

Estudiante de leyes en Londres
Intachable a sus creencias
Asimila la cultura londinense
Vegetariano a veces asceta

Titulado de abogado, a la India
E indumentaria de dandi
Efusivo despido, de tierra inglesa
Quimera en manos de Gandhi

De alta costura el joven litigante
A probar suerte a Sudáfrica

Pueden más prejuicios raciales
Que boleto de clase privilegiada

El viaje de Durban a Pretoria
Y belicoso policía ingles
Lo marcó para toda su vida
Juró luchar contra las injusticias

Vejaciones, golpes, discriminaciones
En todas las colonias Británicas
Pan con lo mismo ¡qué raro!
Ni la burguesía Hindú se salvaba

Guerrero incansable del cambio
Arma letal su no-violencia
Con varita de bambú y taparrabos
Filosofo, paciencia inaudita

Inspirado por Cristo, Ruskin y Tolstoy
En Sudáfrica el primer ashram
De Londres, amigos vegetarianos
Profeta austero del legado comunal

A sus coterráneos exhorta

Día de ayuno y oración
Y sacudir el yugo de la corona
Masacre de Amritsar, maquiavélico tirano

De la cárcel; huésped distinguido
Inmenso amor por los intocables
Kasturba, muere en 1944
Se confrontan hindús y musulmanes

A la medianoche del 1947
Libre la India de los Británicos
Se gesta Pakistán, país independiente
Primer país musulmán en el mundo

A Bapu acribillaron
Muchedumbre a su funeral
Sus cenizas en los ríos sagrados.
Líder, profeta del amor...de la No-violencia.

Mónica

Hace algunos ayeres

A la luz emergiste

En el maravilloso estado

Cuna de hombres ilustres: Jalisco

Una tarde tu comentario

Que fuiste hija de excelso tribuno

Ideas liberales en tu mente bullían

La balanza de la justicia, tus manos poseían

Detrás de tu amigo y padre

Una mujer de extremas cualidades

Guía y refugio en tus días eternos

Sin ella, él no hubiese tocado el cielo

Vale la pena mencionar

Tu desarrollo entre juegos de muñecas

Pero sin la conciencia de justicia, perder

Porque está en todas tus células de cuerpo y piel

El brillo de tus ojos denota

Sinceridad, hasta donde van las gaviotas

Traes en tu alma la lámpara de Demóstenes

Y la destreza del bien ponderado Sócrates

De tu natal Jalisco

Tras un sueño llegas a los Estados Unidos

Se escribe una aventura nueva

En las páginas imborrables de tu historia

Tatuaje de un inmigrante, sufrimiento

En el alma de nuestra gente hallaste aliento

Te uniste a la pléyade de manos eternas

De dios partícula consustancial

Naciste revolucionaria

En DownTown, Denver, las huellas de tus marchas

Tú lucha más de 20 años tiene

Por derechos humanos y laborales eres incansable

Tu firma personal es ser vitalicio líder

He sido testigo fiel

En discursos de diferentes eventos

Sacar al buey de la barranca es tu talento

Dedico este poema a mujer excelente

Porque honor a quien honor merece

Con S.E.I.U alcanzaste una estrella

Gracias, Mónica, por ser amiga, mentora, compañera.

Che Guevara

Desde infante te preguntabas

¿Por qué tanta injusticia y desigualdad?

A tu nana, un aluvión de cuestiones

Que para ella, imposible responder

Entre escuela, casa y juegos de compañeros

Llena de aventuras, tu vida transcurrió

Antes de terminar la universidad

Con Granado y la poderosa izaste bandera

Empezó todo, con afán aventurero

Visitar lugares que estaban en los libros

Más de cincuenta veces fueron las caídas

En Chile "La Poderosa" hizo su despedida

En el "indio" de sus tierras despojado

En el rostro de la pareja de mineros

En los leprosos de abundante humildad

Emergió tu impotencia y palpó tu humanidad

Aquel aventurero argentino

Desde ese momento, no volvió a ser el mismo

Un cambio de raíz, fraguó en su mente

Combatir al imperialismo, cueste lo cueste

Tu debut fue en Guatemala
Fue efímero, no era lo que esperabas
En la embajada Argentina asilo te dieron
De ahí, a México te transfirieron

En México, instalados con Hilda
Como fotógrafo te desempeñabas
Cantinflas tu cómico admirado
En tus paseos encontraste a Fidel Castro
Fue el principio de interminables pláticas
Común denominador: a los cubanos liberar
De Tuxpan, Veracruz Zarpan con 82 guerreros
En "La Grandma" avanzan equipados

Enfermos, un percance antes de llegar a la isla
"La Grandma" agua se hace, naufraga
Nadan hasta la isla con equipo bélico
Y su líder espiritual, Fidel Castro
Sierra Maestra, escenario revolucionario
Con tu asma a cuestas, batallaste con valor
Amaste a tus soldados, con alma desnuda
Los encomiabas, con "Canto General" de Neruda

Tomaste santa clara con 300 hombres

Con Cienfuegos y Castro, tu entrada triunfal fue

Civiles y rebeldes, los esperaban en La Habana

Batista y familia dejaron tierra cubana

Nacionalizado cubano, poeta y diplomático

Reconstruir el país fue prioritario

Viajaste con tu indumentaria revolucionaria

Rusia, países Latinoamericanos y China

Tu mano libertadora al África te llevó

A los hermanos africanos, organizarlos

Retornaste para embarcarte a Bolivia

Sin apoyo, tus enemigos te arrancaron la vida

Que de nosotros te fuiste, pareciera.

Naciste con ideas emancipadoras

Tu vocación, defender a los que nada tienen

Sin importar el holocausto, la muerte

Gracias porque el sueño de Bolívar fue tuyo

Por ser fuente de inspiración, universal ícono

Por pelear hasta ver a Latinoamérica unida

Por tu valor sin tregua gracias, Comandante Che Guevara.

Kathy Michienzi

Hace algunas primaveras atrás
Su soplo de vida en Iowa
Carismática e inteligente
Con sencillez se ganó a toda la gente

Guerrera de mil batallas
En calle, oficina y dondequiera
En Luisiana y Broadway, local anterior
La conocí metida en su investigación

En renovación de contrato
Y disputas en contra del trabajador
Un gancho al hígado en el talón de Aquiles
Les asestabas a los agresores

Te acuerdas ¡valiente!
En conflicto con Storage Teck
Con el fervor de tu palabra
Teníamos la victoria asegurada

Kathy con S.E.I.U
Te entregaste con infinita actitud

Diste más de lo necesario

Tu alma está grabada en el corazón del Janitor

¡Quien nos podría vencer!

Si en nuestras filas estaba esta mujer

Cuya bondad de Madre Teresa

Y osadía de Rosa Parks

Gracias por tu manto protector

Guarida de vulnerables y olvidados

Evitando el veneno, traidor puñal

De entes perversas, desquiciadas

Gracias hasta el infinito

Por tu lágrima, ternura, talento

Tu ayuda no fue semilla de mostaza

Fue de garbanzo descomunal

Kathy, hoy que nos dices adiós

En representación del gremio

Deseamos seas portadora de 5000 o más

Bendiciones a tu arco iris, que esperando está.

Martin Luther King Jr.

En Atlanta, vio el amanecer
Orador, elocuente excepcional
Derechos civiles, su sangre correr
Pastor de la no-violencia

Poseedor...mente prodigiosa
Piadoso, carismático "el Señor"
Sublime esposa Coretta
Álgidos oponentes de segregación

Buscador, marchista incansable
Vestimenta, justicia y dignidad
En iglesias, cárceles de ciudades
Voceando, "discriminación nunca jamás"

Por igualdad, notable predicador
Seguidor de alma grande "Gandhi"
Intrigas, y atentados al por mayor
KKK sanguijuela de principio a fin

Boicotean a los autobuses de Montgomery
Se solidariza con Rosa Parks

Activistas y Ralph Albernathy
Con nudo en la garganta, we shall overcome

Humilde, altruista, austero
Con familia visita la India
Se nutre de la obra del filósofo
Galardón, premio nobel de la paz

MIA, NAACP, CORE y demás
Aliadas de King por derechos civiles
Los Kennedys, papel de importancia
Hermanarse para ser libres

Sermones a los feligreses
Abolir el mar rojo de las injusticias
Sin violencia, unidos con fe
Tierra prometida, la libertad

King, libre bajo fianza ¡qué raro!
Algo inaudito en Birmingham
Inmóviles las huestes de Connor
¡Viva iconos de la no-violencia!

El FBI tras el reverendo

Hoover la tilda de comunista
Stanley Levison, fiel abogado
Túnicas, maculas, contiendas

Rustin, el señor marcha la organizó
Del Obelisco hasta Lincoln memorial
Más de 250 mil almas en Washington
Emotivo sueño…mar de lágrimas

Un 22 de noviembre tirotean a Kennedy
Vaticina M.L.K. su muerte
Acribillado lo encuentra Albernathy
Sombría tarde en hotel lorraine.

A su corte fúnebre, familia vasta
Simpatizantes, presidente, líderes
Coretta e infinidad de condolencias
En su epitafio reza: Gracias, Sr. Todopoderoso
Al fin…al fin soy libre.

Mitch Ackerman

Lo conocí en un recodo del camino
En marcha de Cesar Chávez memorial
Entacuchado justiciero, sin tregua, ni cima
Al final, palabra apasionada, verdad infinita
Su virtud, espíritu de activista
Clarividencia inaudita
Amigo de los justos y leales amigos
Su amistad, honor y privilegio

Tú grito libertario, Miguel escuchó
Vendrán profetas de melosa voz
Izando bandera inmigrante
Pero mi estimado Mitch, difícil igualarte
En los tiempos de renovación de contrato
Nuestros empleadores, no ceder obcecados
Entonces te veían llegar
Se volvían dinosaurios domesticados

Anteponer los intereses de los demás
De ahí proviene tu entereza
Y para comprendernos mejor
Con denuedo aprendiste español

Dice tu acta de nacimiento
Que eres ciudadano americano
Pero la sangre que bombea tu corazón
Nos tiñe de sentimiento hispano

Dejaste de ser presidente, hace poco tiempo
Del gremio sindical local 105
Pero tus manos, talento y mente
Mejoraron las condiciones de tu gente
Mitch, de tu vida a favor del desprotegido
Se pueden escribir varios libros
He coincidido con algunas conferencias
Que denuedo, que pasión rumora la concurrencia

Gracias, Mitch Ackerman
Por ser fiel hermano de los pobres sin nombre
Tu éxito-paso revolucionario incuestionable
Sin duda virtud-humildad inconmensurable
De nueva cuenta Gracias Mitch, por tu hermandad
Por tu promesa, que es diamante-verdad
Pugnando, marchando, sin claudicar
Del brazo del inmigrante obrero internacional.

Jesús Orrantia

Hombre de hondos sentimientos
Peleando desde su trinchera
Por los inmigrantes amigos jornaleros

Jesús Orrantia

Carismático y noble personaje

Copia fiel de Pitágoras

Afán de ayudar de varios programas te encargaste

Jesús Orrantia

Te vi en revolucionarios eventos

Con tu alegría característica

Por los que menos tienen, estruendosa tu voz

Jesús Orrantia

Humildad credencial notable

Líder, amigo a carta cabal

Profundos, nobles ideales desarrollaste

Jesús Orrantia

Vivirás en la mente de gente

Del centro humanitario, mujeres, jornaleros, staff

Te auguramos futuro abundante, prometedor.

Francisco Villa

Nombre de nacimiento

Doroteo Arango

Extraordinario militar

Francisco Villa

Trayectoria de su vida

Sin letra, portando arma

Desde chiquillo

En Durango, bandido

Se salvó del paredón

Hasta las cachas, mujeriego

Bonachón, bromista,

Abstemio y altruista

Cámicas justiciero

Robín Hood Mexicano

Madero y Villa se topan

En un recodo de sus vivas

Madero escucha atento

Lágrimas, gansteril confección

Lo absuelve de sus faltas

Benefactor; célula-bondad

Revolución Maderista

E ingenio Villista

Sobre estacas sombreros

Simulando contingente mayor

En su penco prieto azabache

Súper estrella de cine

Festejan sus gestas

Con la marcha de Zacatecas

Traición, muerte a su redentor

Con llanto jura vengarlo

En 1913, definitivamente

Conforma su división del norte

Toma Torreón en un santiamén

Se encauza a Ciudad Juárez

Apresa al telegrafista

Morfeo, epopeya troyana

De Chihuahua, gobernador

Excelente administrador

Amaba a los niños, otra faceta

Los encomiaba para la escuela

En Villa dos perfiles
El del conciliador, "Ángeles"
Y el de carnicero
E hijo mayor, "Fierro"
Los Estados Unidos reconocen
A Venustiano Carranza como presidente
Un 9 de marzo, Villa sin visa
A Columbus, New México, ataca

Con beneplácito de Venustiano Carranza
Piercing y batallón en búsqueda
Queremos a Villa "vivo o muerto"
A su cabeza le ponen precio
A mediados de 1920
Se desarman los insurgentes
Villa en el Canutillo
Dipsómano en el ocaso

El gobierno planea la emboscada
En su automóvil lo acribillan
En Parral, Chihuahua, sus restos
Al Centauro le llora todo México.

Lucio Cabañas

Vástago, de enlace matrimonial

Rafaela Gervasio Barrientos, Señora

Y Cesáreo Cabañas Itureo

Combatiente de abolengo

Tez pálida, pómulos salientes

Bailador, eterno sonriente

Del "Negrete" notable imitador

Cazcorvo y ojos de tribulación

Tildado de miseria, desde pequeño

Chile, tortillas, y olla de frijoles

Hablo de revolución en la aurora

Antes de escuela en Tixtla

Incansable social luchador

Revolucionario, profesor

Velador y repartiendo la masa

Cuando estudiaba la primaria

Hijo prodigo del Estado de Guerrero

Líder, ideólogo del pobrismo

Por los marginados, ofrendó la vida

213

En el cielo, Genaro Vásquez te espera
En la década de los 70´s
Guerra sucia, en México se gesta
Viudas, Lucio en la cordillera
Desaparecidos, insurrectos en luto

Librar al descalzo campesinado
Del mal gobierno y cacicazgos
Te enlazabas con radio Habana
Los inspirabas con El Che Guevara
Despótico, corrupto y tirano
Rubrica de Caballero Aburto
Con el movimiento magisterial
El 18 de mayo, aun se recuerda

El maestro, líder del magisterio
Se cansó de ser pacifista
Acribillaban a las masas del pueblo
Se encrespa, derrotas al ejército
Común denominador en México
Tener gobiernos despóticos
Figueroa se encamina a la sierra
Apaciguar a la guerrilla es la tarea

Aplica táctica de antaño

Habla bien de Genaro

Regala maquinas de coser y "tierritas"

Nefasto, amigo entre comillas

Lucio, al pez gordo secuestra

Liberar rebeldes es el afán

Ni leninismo ni marxismo

Tu indiscutible ideal fue el "pobrismo"

Gracias, Lucio Cabañas

Por atreverte a combatir la tiranía

Abyectos acérrimos de los pobres

Batalla les diste con tu rifle

Prendiste, tea libertaria

En espíritu y verdad te idolatran

En Atoyac y lugares circunvecinos

Sus recuerdos, te mantienen vivo

Como todo revolucionario

Sin lugar a dudas traicionado

A educandos y pueblo amaste

Profe, tu antorcha libertaria... fuerte, brillante.

Testamento

Lego a la humanidad todo el caudal de mi amargura. Para los ricos, sedientos de oro, egoísmo, ignominia, crueldad, avaricia. Todo mi desprecio hasta el infinito e imperecedero. Para los pobres, por su poco ánimo y cobardía, mi rechazo frontal, porque no se alzan y lo toman todo en un arranque de suprema justicia. ¡Miserables esclavos de una iglesia que les predica resignación y de un gobierno falso y nefasto, sin darles nada a cambio!

No creí en nadie. No respeté a nadie. ¿Por qué? Porque nadie creyó en mí, y además encontré gente plagada de barbarie, podredumbre hasta el cenit. Sólo los tontos e imbéciles enamorados se entregan sin pedir nada como condición.

¡Libertad, Igualdad, Fraternidad! ¡Qué farsa y falacia más ridícula! A la Libertad a diario la acribillan sin compasión todos lo que ejercen algún puesto público o tienen algún pequeño poder; se olvidan del origen humilde, de los amigos y lo más abismal de quienes les dieron el ser. A la igualdad la destruyen con el dinero y la clasificación social, pero nos siguen engañando con la mentira cruel inmemorial de que todos somos hijos de Dios y por ende príncipes. Sin tener en cuenta que sólo tierra y lágrimas de culpabilidad nos vamos a llevar encima cuando fenezcamos.

La fraternidad muere como un guiñapo en nuestras manos suicidas de perverso egoísmo, cuya materia prima preñada de mentiras hasta la locura y desenlace fatal es la traición.

"Esclavo miserable", si todavía tienes alguna esperanza, no te pares a escuchar la voz de los apóstoles. Su ideal es subir y permanecer en lo alto a costa de tu decapitación. Si Jesús en el madero no quiso renunciar a ser dios... ¿Qué podemos esperar de simples hombres mortales? Humanidad, te conozco. ¡He sido una de tus victimas! De niño me robaste la educación para que mis hermanos la tuvieran. De joven me quitaste el amor. En la edad madura, a mi familia, en un choque aparatoso, te llevaste la fe y la confianza en mí mismo. Hasta de mi nombre me despojaste para convertirlo en un apodo estrafalario, mezquino y ruin: "Judío errante."

Dije mis palabras y otros las hicieron correr por suyas. Hice algún bien y otros recibieron el premio. No pocas veces sufrí castigo por delitos ajenos. Tuve amigos que me buscaron en sus días de necesidad, hambre y desesperación y me desconocieron en sus horas de bonanza. La amistad y la lealtad no existen. Son palabras extrañas para los hombres en tiempos pretéritos y contemporáneos. Cuánto tienes es cuánto vales.

Me cercaron como a un payaso para que hiciera reír con el relato de mis aventuras, poesía y buen humor, pero jamás enjugaron una lagrima mía de desconsuelo. Humanidad, yo te robé unas monedas, hice mofa de ti, y mi burla sarcástica te escarneció. No me arrepiento. Al Morir quisiera tener aliento y fuerza para escupirte en la faz todo mi rencor y desprecio.

Fui Juan Manuel: Un espectro que pasó hambre viviendo en las calles, calzando chanclas desvencijadas, agazapado en harapos, con la cara meca, creyendo las mentiras de los grandes. Siendo testigo ocular del bajo mundo, viendo el desenlace de la pobreza: prostitución, inanición, corrupción, vagabundez, enfermedades, pestes. Sodoma y Gomorra en toda su expresión.

Judío errante. Un dolor de donde hizo alegría, poesía. Sacando fuerzas de su pasado y de su mano izquierda, como dijera un tal José Alfredo Jiménez. Fui un "bucho", un don nadie, no valía ni lo que cuesta un ladrillo. Una realidad en pie: ¡qué insensatez! Deambulando en la otra acera. Enfrente de mí, paseo la honestidad, su decoro y cordura. Prudencia, la contienda ha sido desigual, lo comprendo, pero del coraje de los humildes, de los sin voz, de los vulnerables, porque no hay mal que dure cien años, ni cuerpo que lo soporte y entonces... surgirá un maremoto y no quedará piedra sobre piedra, sólo cenizas y desesperanzas.

Humanidad, pronto cobrare lo que me debes... te lo aseguro.

Rhymes, Leaders: Patraca

(Poems from November, 2012-October, 2013)

Rosa Parks

I'll tell a story
By a skinny black woman
Brave heart, strong
Momentum of sea! Down insane, insane!

She was born in Alabama
At an early age, working on her farm
With Leone's mother and grandparents
Immediately, her father said goodbye

Eager, she went to school
First word, in poor conditions
And the industrial school! Forget it!
White skin staff, the denominator

Among KKK baptisms
Punishers in white hoods
Rosa dreams, nightmares
Ghosts, fear and courage at the same time

Firsthand the Depression of the 30's
Sadness, homeless people everywhere

Racial discrimination or talk!

Hate, hangings in the estates of the south

Back in 1943

She was secretary of the NAACP

They worked hard, in her native city

Nationally prominent emblem

For refusing to get up from the back seat

She did not resist arrest

Brave trial, fingerprints

Spark liberation of civil rights

Rosa, on that December 1, 1957

The prelude to endless stamina

Personal rubrics, trials and acts of courage

Civil rights, spark libertarian

Neither slow nor lazy

M.L.K and Ralph, both reverends

Passionately urging parishioners

Boycotting Montgomery buses

Boldly continuing struggle

They fight, battling side by side
Solidarity shines incessantly
In the black community

In the trance fans M.L.K.
Regular jail guests
Plotting against unjust laws
Leader for life of civil rights

The federal court ruling in favor of the cause
Since 1956, the black community
Can choose freely
A place in the bus, like all people

Thank you Rosa Parks, for fighting
Against segregation, unjust laws
Slavery in the Constitution
Foolish Laws! Made by devils and demons

Thank you for daring new account
National icon of the endless cause
In Washington, your talent in rallies
Raising its voice now: we are all free!

Cesar Chavez

Of coppery skin, the boy
From brown mother country his ancestors
31 of March of 1927, in Arizona
Cesar Estrada Chávez, was born

Non-violent cell, ancestry
Archimedes' lever, he moved
Activist, brave lad
Of Librado and Juana Chávez

Of the Depression of 1929, survivor
The inclemency of the time
And lack of work in his native land
To thicken rows of indigents

Childhood and adolescence
Gathering the harvest
Humiliations, abuses and prejudices
Suffering in his own flesh

In facet of nomadic Jew
Always, migratory day laborer

Grapes, apples, lettuce, tomatoes
Underneath the tree, tired, he sleeps

The children did not go to school
Crouching against the sun
Unraveling the product
Of the kind mother earth

Their 15 years of age arrived
Poor manifold schools
Poor conditions
Precarious sustenance, rags, displeasure

Books and words he is suppressing
In his youth to Second World War
Experiencing prejudice in the barracks
Adoptive Son, Mexican-American

He returns to the south of California
To work in the fields
Committing himself to marriage
With a lady, Gellen Favela

Decided with unheard of-faith

227

To change things for the poor

Specially that of the immigrant farmer

Knowing Ken Ross was providential

He gets involved in communitarian work

With boldness he speaks to the masses

"We are poor, but we know how to work

We will win, if we organized ourselves"

There by 1959, with unjust practices

From Mexico, the "Laborers" arrive

Treated like animals with very small wages

Replacing the local day laborer

He constitutes the U.F.W., the battle initiates

His cousin Manuel immediately

A black eagle in red bottom

Flags of Boycott, the cause begins

1966, protest marchers from Delano to Sacramento

With Our Lady of Guadalupe and a black eagle on red

Chavez, Dolores Huerta and activists

To the country of bars and stars a change

The dogma of Christ was pacifist

In the United States Chavez made it work

The bread of justice, Kennedy and Jesse Jackson

Faithful, believers, to raise the cause

Apostle of Non-Violence

To his funeral over 50,000 assisted

"Cesar Chavez lives today, tomorrow and forever"

Infinite thanks, dear Cesar, you made the difference.

Emily Parkey

Effective fighter
Heart to the core
In revolutionary march
Rising echoes of freedom
Remember brave!
In conflict with lunatics
Your organizing voice
Always, powerful injection

Emily, with rights for all
You gave yourself to sublime passion
You gave yourself more than necessary
Rescuing the unnamed, the forgotten
I am aware that wherever you go
Shaping leaders, you will continue
Frowning eyesight will lift, fighting
By their identity, award, estimated

Emily, thanks to infinity
For your tenderness, your tear, your talent
Leader's blood runs through your veins
Your help reached a star in the universe.

Zapata

His birthplace was Anenecuilco
Where the water swirls, in Nahuatl
He had little formal schooling

Humble was his cradle
Of honorable family
As a young man, he worked the fields
Faithful and devoted to his parents

Injustices came about at his young age
Dispossessed of their land
He questioned his father
Why was he so sad?

They've left us homeless, he said
And why don't you fight, the boy replied
They are tyrants with many weapons
When I am older, I will recover our land

In his native land, his life passed
He learned how to be a horse rider
To guide skillfully his horse

Naughty to the nth power

Crestfallen, hermit
A womanizer "the man"
Sometimes on a stampede
By resentful women

Dressed in horseman's clothes
Cashmere pants, spurs
Pistol and big hat
With his boots inseparable

Mexican cowboy, on horseback
Suspicious womanizer
He began its armed struggle
In his little homeland

From patriarch, received Zapata
The headquarters and a tin box
With land titles within
He guarded them until the day of his death

Effusive said, Zapata
Revolutions may come

I will fight injustice with faith
But I to death will never give up.

He demolished fences decisively
Distributing land to the peasants
Authorities in Cuautla
And Villa de Ayala said nothing at all

His friends nicknamed him, "Miliano"
To the army, assigned
He learned the arts of war
He deserted, and enjoyed his freedom

Pablo Torres Burgos, his teacher
Zapata, named colonel by the executive
Torres Burgos is assassinated
Miliano swears avenge him

The maderista uproar emerged
Emiliano stands up in arms
Eufemio Zapata, his right arm
His deputy, Otilio Montaño

The plan of San Luis, Madero proclaims

Other southern chiefs rise
Genovebo de la O, and Gabriel Tepepa
The brothers Figueroa, also revolt

St. Louis plan articles
They return the lands to the people
Dignity and equality promised
Reaching presidency, he did it

Take Cuautla, Emiliano
Leader stands opposed
The fall of the dictator Diaz
Exiled to France

The leader arrives in Mexico
A meeting with Madero
The dialogue initiated
He demands the land of his people

Reiterates the promise
The revolutionary waits
Conditions set Madero
Disarm and time.

A great General he was called
The "Attila of the South" by some journalists
José Maria Lozano, another colleague
Compared him with "Spartacus"

Middle of 1911
General Huerta, treacherous
Almost finished the mobs
No guns, lies, the revolutionaries got hanged

The presidency didn't fulfill
A Christ armed with "machine gun"
To finish off "los pelones"
And all who harm the poor

Completely convinced
The revolutionary got betrayed
The threat face to face
I will go to the capital and hang him

That death threat
Commented the president
Was despair and impotency
They had had centuries of patience

235

Said the leader

The bandit, I understand

AS he acts perhaps, out of necessity

But the traitors, never

Harassment of "los pelones"

And the front; Juvencio Robles

Annihilate rebels, the goal

And Genovevo O, "the explosive"

Practice the decolonization

Demands Huerta, the usurper

Men, women and children

Ready... for whatever comes

Zapata, the Resistance

Much encouragement and a few bullets

Villa did not suffer from this

He had plenty of "ammunition"

Both meet in Xochimilco

Villa, disdains political positions

Zapata sentences with the machete

You and your "little land", finishes Villa

No fraternal embrace of "Acatempan"
With adverse revolutionary vision
They betrayed their covenant, it wasn't met
Villa did not send the "supplies" to the Southern Rebel

Juan Sarabia and Luis Cabrera
Believers of agrarian reform
The convention, a complete failure
The insurgent, ends the pact

Vocal of the general, Palafox
Carranza, warns energetic
Comply with the plan of Ayala
And in his cabinet, a Zapatista

At the Convention of Aguascalientes
Without southern men, only intellectual delegates
The executive fails
Stands the revolutionary

Leaders in Mexico, again
Receive them like an unarmed princess

The state press distorts the cause
Rebels, honest people of the town

Cowboy, the southern rebel
Dark skin and enormous hat
At the parade, they watched him
The "Attila" holding his weapons

To define the land, came "the little engineers"
Marte R. Gomez and Carrillo Puerto
To Marte R Gomez, Zapata said
"The surveyor will be the stone wall as stated in the map"

August 1915, the Zapatista ruin
With Pablo Gonzalez, terrible violence
Juvencio Robles, horrendous methods
Fires, looting and murder

Letter to his agent in San Antonio
There is looting, men hung and impotent rage
Houses, streets and churches are manure
The pacifists were taken by force

Quarrels between the Zapatistas

Amador Salazar falls by a bullet

In suicidal fight Eufemio dies

Hanging from a tree, Otilio Montaño

The curse of nature falls

Wake of death, typhoid, and dysentery

The biblical echoes hunger and plague

The living legend is followed by his people

By 1918 he was a fugitive

Fleeing and more distrustful

The American invasion is foreseen

Serious, he loved Mexico with all his soul

Outcome of Morelos

The one who rejected treason

Would fall into an ambush

"Bold heads" were orchestrating treason

Jesus Guajardo and his boss Pablo Gonzalez

Viles, masterminds

Betrayal in the town of Chinameca

Dock the bullets cowards… drops my General Zapata

After his death, myth and legend
In his "Ace of Gold" riding
People swore he lived in Anenecuilco
I'm sure, he is legendary icon

He died as heroes die, facing death directly
The Devils have governed us since yesterdays ago
In heaven by Hidalgo's side, you continue your
revolutionary struggle
"Tierra y Libertad Great General, Emiliano Zapata"

Emily Zisette

That morning at the Capitol
Our cells, equations, revolutionary wind
Tireless flying the flag of colors
One voice, one heart, a mosaic of nations

On the way back, relishing, one thousand experiences
Open Microphone at dawn
Immigration reform and justice for janitors
Sharing the best of my repertoire

Friend, thanks to infinity
For your solidarity, for your internal and external beauty
To continue fighting by your side ... I would like
But life involves... continuous separations

True it is without mistake
That in Seattle or wherever you choose to live
Always as a tattoo in you
Rejoicing, multicolor flag and song of liberty.

Gandhi

Unexpected Aurora
On October 2, 1869
At port town, Porbandar
Wealthy, caste of merchants

Faithful to their customs
Both illiterate
And teenagers
Kasturba and Gandhi get together

Law student in London
Impeccable in their beliefs
He understands the London culture
Vegetarian, sometimes ascetic

He becomes a lawyer
Wrapped in Indian clothes
Effusive dismissal of English soil
Chimera in the hands of Gandhi

The young litigator
Tries his luck in South Africa

Racial prejudice is stronger
Than a ticket of privileged class

The trip from Durban to Pretoria
And a belligerent English policeman
Marked him for life
He took an oath to fight against injustice

Harassment, beatings, discrimination
In all the British colonies
Bread with the same, how strange
Neither the Indian bourgeoisie was saved

Tireless fighter for change
Lethal Weapon his non-violence
With bamboo stick and loincloth
A philosopher of unprecedented patience

Inspired by Christ, Ruskin and Tolstoy
In South Africa the first ashram
From London, vegetarian friends
Austere prophet of communal legacy

He exhorts his countrymen

A day of fasting and prayer
To shake the yoke of the crown
Slaughter of Amritsar, Machiavellian tyrant

A distinguished guest in prison
Immense love for the untouchables
Kasturba; died in 1944
Hindus and Muslims confront each other

At midnight, 1947
Free India from the British
Pakistan is brewing, independent country
First Muslim country in the world

The Great Leader is assassinated
Crowds come to his funeral
His ashes in the sacred rivers
Leader, prophet of love... of non-violence.

Monica

Some yesterdays ago
To the light you emerged
In the wonderful state
Place of illustrious men, Jalisco
One evening your comment
That you were daughter of eminent tribune
Liberal ideas in your mind moved
The balance of justice, your hands held

Behind your friend and father
A woman of extreme qualities
Guide and refuge in your eternal days
Without her, he would not have touched the sky
It is worth mentioning
Your development between doll games
But without conscience of justice, to lose
Because it is in all the cells of your body and in your skin

The brightness of your eyes denotes
Sincerity as far as where the seagulls go
You carry in your soul the lamp of Demosthenes
And the skills of the good prudent Socrates

245

From your natal Jalisco

After a dream, you arrived to the U.S.

A new adventure is written

In the indelible pages of your story

Tattoo of an immigrant; suffering

In the soul of our people; you found breath

You united to the multitude of eternal hands

Of God, innate particle

You were born revolutionary

In Downtown, Denver the footprints of your march

Your fight of over 20 years long

For human and labor rights you are tireless

Your personal signature, is to be a leader or life

I have been faithful witness

In speeches and different events

To get people out of trouble, is your talent

I dedicate this poem to the excellent woman

Because honor to whom honor deserves

With S.E.I.U. you reached a star

Thank you, Monica for being a friend, mentor, and

partner.

Che Guevara

As a child you asked yourself

Why is there so much injustice and inequality?

A torrent of questions you asked your "nanny"

Impossible for her to answer

Your life continued full of adventures

With school, home and you childhood games

Before you finished college you joined

With Granado and your Motorcycle "La Poderosa"

It all began with the enthusiasm of an adventurer

To visit places seen in books

Over fifty times you fell

In Chile, was "La Poderosa's" farewell

Your impotency emerged and your beliefs in humanity

Were evident in the "Indian" whose land had been stolen

In the face of the miner couple

In the lepers with their abundant humbleness

From that moment, the Argentinean adventurer

Would never be the same

A change of principles was forged in his mind

To fight against imperialism, whatever the price

Your debut was in Guatemala
It was short-lived, not what you'd expected
You were given "asylum" in the Argentine embassy
From there, they transferred you to Mexico

In Mexico, you lived with Hilda
you worked as a photographer
Cantinflas, was your favorite comedian
And on your walks, you found Fidel Castro
It was the beginning of unending talks
The common denominator was to free the Cubans
They left from Tuxpan, Veracruz with 82 men
They went forth, prepared, in "la Grandma"

An accident befell them, before reaching the island, sick
"La grandma" turns into water, it sinks
They swam to the island with their weapons
Along with their spiritual leader, Fidel Castro
Mountain teacher, revolutionary backdrop
With asthma, you fought valiantly
You loved your soldiers with pure soul
You cheered them on with Neruda's poem, Canto General

You took over Santa Clara with 300 men

With Cienfuegos and Castro, your entrance was

triumphant

Civilians and rebels awaited you in Havana

Bastista and his family left Cuban soil

You became a Cuban, a poet and diplomat

Your priority was to rebuild the country

You traveled through Russia, China and other Latin

American countries with your revolutionary appearance

Your freeing hand took you to Africa

To organize your African brothers

Then returned to travel to Bolivia

With no help, your enemies took your life

It seems as if you left us

You were born, with ideas of freedom

Your goal, to defend those who had nothing

Without concern for a holocaust death

Thank you, because Bolivar's dream was yours

For being the source of inspiration, a universal icon

To fight until Latin American was united

For your courage without rest

Thank you, Commander Che Guevara.

Kathy Michiency

A few springs ago

Her breath of life in Iowa

Charismatic and intelligent

With simplicity she won everybody's attention

Warrior of a thousand battles

On the street, the office and everywhere

In Louisiana and Broadway, previous location

I met her while she investigated

At contract renewal

And disputes against the worker

A hook to the liver

You hit the attackers

Remember brave!

In conflict with storage tech

With the fervor of your word

We had victory in our hands

Kathy with S.E.I.U.

You gave yourself with infinite charisma

Gave more than necessary

Your soul is engraved in the heart of the Janitor

Who could beat us!

If this woman was on our ranks

Whose goodness of Mother Teresa

And courage of Rosa Park

Thank you for your protective mantle

Hideaway of the vulnerable an the forgotten

Avoiding poison dagger traitor

Of sick and perverse minds

Thanks to infinity

To your tears, tenderness, and talent

Your help was not mustard seed

But that of colossal chickpea

Kathy, now that you say goodbye

On behalf of the union

We wish you are the carrier

Of 5000 or more blessings to your rainbow

Which waits for you.

Martin Luther King Jr.

In Atlanta, he saw the dawn
Eloquent speaker, exceptional
Civil rights in his blood
Pastor of non-violence

Possessing prodigious mind
Pious, charismatic
Sublime wife Coretta
Decisive opponents of segregation

Seeker, tireless protestor
Justice and dignity
In churches, prisons, cities
Shouting, "discrimination never again"

By equality, notable preacher
Follower of great soul "Gandhi"
Intrigue and assaults everywhere
KKK leech from start to finish

They boycott the buses from Montgomery
He unites with Rosa Parks

Activists and Ralph Abernathy

With lump in the throat, we shall overcome

Humble, unselfish, austere

He visits India with his family

He feeds on the work of philosopher

Award, Nobel Peace Prize

MIA, NAACP, CORE and more

Allied to King for civil rights

The Kennedys, key role

Brother up to become free

Sermons to the faithful

Abolish the red sea of injustice

No violence, united in faith

Promised land of freedom

King, out on bail, how strange!

Unheard of in Birmingham

Stationary hosts of Connor

Live icons of non-violence!

The FBI, after the Reverend

Hoover branded as communist

Stanley Levison, faithful lawyer

Tunics, tricks, disputes

Rustin organized a march

From the Obelisk to the Lincoln memorial

 Over 250 thousand souls in Washington

Emotional dream... sea of tears

On November 22 they shot Kennedy

M.L.K. predicts his death

Abernathy finds him riddled

Gloomy afternoon at the Lorraine Hotel

At his funeral vast family came

Supporters, leaders, the president

Coretta and countless condolences

In his epitaph it reads:

Thank you, Almighty, at last ... at last I am free.

Mitch Ackerman

I met him at a bend on the road
At Cesar Chavez Memorial March
Dressed up, righteous, no truce, no top
Passionate words, infinite truth

Spirit of activist, his virtue
Unprecedented clairvoyance
Friend of the righteous and loyal friends
His friendship, an honor and privilege

You cry for freedom, Miguel heard
Prophets of mellow voice will come
Flag raising immigrant
But my dear Mitch, it is difficult to equal you

At the time of contract renewal
Our employers did not give in, mentally blinded
They saw you come
They became domesticated dinosaurs

To place everyone else's interest in front
From this comes your integrity

And to better understand us
With vigor you learned Spanish

Your birth certificate says
That you are a U.S. citizen
But the blood pumped by your heart
Is stained of Hispanic sentiment

You stopped being president recently
From local 105, union
But your hands, talent and mind
Improved the conditions of your people

Mitch, many books about giving your life
To the unprotected can be written
I have coincide with some conferences
What a valor, what a passion rumored by the people

Thanks, Mitch Ackerman for your brotherhood
For your promise which is diamond truth
Struggling, marching, without giving up
By the arm of the immigrant, international laborer.

Jesús Orrantia

Man of profound feelings
Fighting out of his trench
For the immigrant laborers

Jesús Orrantia

Charismatic and noble character

True copy of Pythagoras

Eager to help, you took care of several programs

Jesús Orrantia

I saw you in revolutionary events

With your usual joy

For those who have less, your voice is loud

Jesús Orrantia

Humility is your notable mark

Leader, the best of friends

Deep, noble ideals you developed

Jesús Orrantia

You will live in the minds of people

From the humanitarian center, women, laborers, staff

We predict abundant future, a promised one.

Francisco Villa

Birth name

Doroteo Arango

Extraordinary General

Francisco Villa

Trajectory of his life

Illiterate, carrying a weapon

From childhood

A bandit from Durango

He was saved from execution

Womanizer to the core

Good-natured, full of jokes

Abstemious and altruistic

Righteous man

Mexican Robin Hood

Madero and Villa encounter

In a corner of their lives

Madero listens attentively

Tears, dressed like gangster

He pardons him

Benefactor, cell-kindness

Maderista Revolution

And Villista ingenuity

Simulating a larger contingent

By placing hats on poles

On his black horse

Movie Super Star

They celebrate his battles

With the Marcha de Zacatecas song

Betrayal, death to his redeemer

With weeping swears revenge

In 1913, definitely

He forms its northern division

He takes Torreón in a heartbeat

He takes Ciudad Juarez

Captures the telegraph man

Morpheus Trojan epic battle

Governor of Chihuahua

Excellent administrator

He loved children, a different facet

He encouraged them to go to school

Villa had two profiles
One of the conciliator, "Angeles"
And the other one of the butcher
The oldest son, "Fierro"
The United States recognize
Carranza as the president
On March 9, Villa, without a visa
Attacks Columbus, New Mexico

With approval of Carranza
Pershing and battalion in his pursuit
We want Villa "dead or alive"
To his head they put a price
In mid-1920
They disarm the insurgents
Villa in Canutillo
Dipsomaniac at sundown

The government plans the ambush
Shooting him in his car
In Parral Chihuahua his remains
All Mexico cries the General's Death.

Lucio Cabañas

Offspring, newly wed

Mrs. Rafaela Gervasio Barrientos

And Cesáreo cabañas Itureo

Of fighter lineage

Pale skin, prominent cheekbones

Dancing, eternal smile

Of "Negrete" remarkable imitator

Eyes of tribulation

Branded with misery, from childhood

Chile, tortillas and bean pot

I talk of revolution at dawn

Before school in Tixtla

Tireless social fighter

Revolutionary, professor

Watchman and delivery man

As he went to elementary school

Prodigal son of the state of Guerrero

Leader, ideologist of poverty

For the marginalized he gave his life

In heaven, Genaro Vásquez waits for you

In the decade of the seventies

A dirty war is brewed in Mexico

Widows, Lucio in the mountains

Disappeared, rebels mourning

To free the barefooted peasant

From bad government and chiefdoms

You link with Havana on the radio

You inspired them with stories of Che Guevara

Despotic, corrupt and tyrannical

Signature of Horseman Aburto

With the teachers movement

May 18 is still remembered

The teacher, leader of magistry

Got tired of being a pacifist

They riddled the masses

Curling defeats the army

Common denominator in Mexico

To have despotic governments

Figueroa heads to the mountains

To calm the guerrillas is the task

He applies tactics of the past

He speak well of Genaro

He gives away sewing machines and land

Nefarious, a fake friend

Lucio kidnaps the big fish

To liberate rebels is the desire

Neither Lenin nor Marxism

Your undisputed ideal was to the good of the poor

Thanks, Lucio Cabañas

For daring to fight tyranny

Heinous enemies of the poor

You gave them battle with your rifle

You fired the torch of freedom

In spirit and in truth they idolize you

In Atoyac and surrounding places

Their memories keep you alive

Like all revolutionary men

Undoubtedly betrayed

You gave your love to students

Teacher, your torch of freedom is strong, brilliant.

Testament

I bequeath onto humanity all the flow of my bitterness. Shame for the rich, the gold hungry and selfish; for his cruelty and greed. All my discontent for the poor, because of their low morale and cowardice. My total rejection because they don't stand up for their rights and take everything in a fit of supreme justice. Miserable slaves of a church that preaches resignation. Slaves of a false and pernicious government who takes everything without giving anything in return.

I did not believe in anybody. I didn't respect anyone. Why? Because no one believed in me and all I found was people plagued with barbarism, decay to the zenith. Only fools and idiots are given in love without asking anything in return. Liberty, Equality, Fraternity! What a ridiculous farce and fallacy! Freedom is riddled daily without compassion. All those who engage in some public office or have power of some sort, they forget where they came from. They forget their friends and even forget who gave them birth. Fairness is destroyed with money and social classification, but they continue to cheat us with the cruel and terrible lie that we are all sons of God and thus princes knowing that all we will take with us at the end will be dirt and tears of guilt.

Fraternity dies like a tattered puppet in our suicidal hands full of perverse selfishness, full of lies and treachery.

Miserable slave, if you still have a seed of hope, do not stand expecting to hear the voice of the apostles. Their ideal is to raise and stay high at the expense of your head. If Jesus in the cross did not want to renounce to God... what could we expect from simple mortal men?

Humanity, I know you! I have been one of your victims! From childhood you rob me of my education to give it to my brothers. In my youth you took away love and in maturity, you took away my family on a fatal car accident. I lost faith and trust in myself. You even took away my name to convert it into a shameful nickname. "Wondering Jew"

I spoke up words of protest and others made them their own. I did some good and others got the recognition. Many times I was punished for crimes committed by others. I had friends who sought me out in their times of need, hunger and despair and was ignored in their prominent hours. Friendship and loyalty do not exist. They are foreign words for men in past and contemporary times. How much you have is how much you are worth. Nothing but corruptible interest.

People surrounded me as if I was a clown so that they can laugh with the tales of my misfortunes. Good humor and poetry, but never wiped off a tear from my face. Humanity, I stole a few coins; made fun of you and my sarcastic laugh scoffed you. I have no regrets, and when I die I wish to have the strength to spit in your face with all my rancor and disdain

I was Juan Manuel. A spectrum who suffer hunger, living on the streets, wearing tattered flip flops, crouching in rags, emaciated face, believing the lies of the government, witnessing the underworld, watching the outcome of poverty: prostitution, starvation, corruption, homelessness, disease, pests, Sodom and Gomorrah in all its expressions and so on.

"Wandering Jew", pain. And then poetry, joy. Finding strength from my past and from my left hand, as José Alfredo Jimenez would say in his song. I was a "Bucho", a nobody, not worth the cost of a simple brick. A fact remains: Such insanity and me, walking the streets. Honesty walking by me. Its sanity and decency. The battle has been uneven, I agree, but the courage of the poor, the voiceless, the vulnerable, because there is no evil that lasts

266

a hundred years nor anyone to ever last them, then... come a tsunami and there will remain no stone left, only ashes and despair. Humanity, I will soon collect what you owe me... I promise.

J.M. Patraca

Asuntos Varios: Patraca

Patraca

(POESÍA REUNIDA DE NOVIEMBRE
DE 2013-OCTUBRE DE 2014)

A mi madre

Mi madre: niña y señora de mis ojos

Madre del universo, infinita ausencia

Gorrión, pantera, clarividente, hormiga

Centinela y oratoria providencial en el hastió

En defensa de sus cachorros, una gata

Guerrera infatigable.

Su afán, guardar migas para abastecer el invierno

Con su canasta de pan en la mollera

Diez kilómetros de terracería con el sol a cuestas

Ojos, pies marchitos y sudor en tu frente Madre

¿De dónde te salía tanta energía?

Aun como si fuera ayer recuerdo

El viacrucis de muestro destierro cuidabas con celo

Valiosas herencias, tazas de peltre y mesas deterioradas

Con inocencia te preguntaba ¿Por qué las conservas?

Ahora es lo mejor que poseemos Mañana

Dios proveerá, remachabas.

Tu felicidad, aurora crepuscular

En el rio, estación de tren y cualquier lugar

Cantadora de corridos revolucionarios

Exponente de dichos y refranes

Por ejemplo; cuando estaba enfermo me decías:

"Enfermo que come y mea, el diablo que se lo crea"

O "no te quites el sayo hasta el 16 de mayo".

¡Eres Aristotélica ni la duda cabe!

Cuando cumpliste cien años

La diabetes y gangrena por ende

Te arrebataron una pierna

Te llamé para darte alicientes

El eco de tu corazón responde

"Soy andariega desde que nací

Perdí una pierna, pero todavía respiro"

Yo que pensaba animarte y salí beneficiado

Sólo me resta expresarte que eres un ejemplo de vida

Tu escuadra: el mundo entero

Tu filosofía: la universidad de la vida en tinieblas

Tu compás: trato afable, sencillo y don de gente

Con un "ojo de gringa" multiplicaste los pescados

Entonces diste de comer a mil generaciones

Una centuria inopia de plenilunios

A veces diciendo "te amo"

Estupefacta, bondadosa y con faltas de ortografía.

Madre, María es tu nombre y apelativo Carmona

Gracias por la vida, tus nobles enseñanzas, tus carcajadas

Y gracias sobre todo, por haber existido.

A mi padre

Uncido a sus entrañas desde el amanecer... el alcohol

Cabalgando entre platicas superfluas

Inamovible Purga y la Venta

Asido al arado, al chuzo

Al látigo y la coa

Peripatético indomable en la parcela...

Agradecido de sus adentros se decía:

¡Este año es el nuestro Mijo!

Al costado del camino rural en el rancho La Venta

Nuestra casa cercada con hueso de palma

Y techo de apachite

De centinela un hotentote

En Junio floreaba el guamúchil

Que estaba a un lado de la casa

Y alrededor un ciruelo

Donde en las tardes Don Chema sacaba su moruna para

amolarla

De muy cerca sus socios lo observaban perplejamente

Domador de cuacos salvajes, ranchero

Labriego sin lugar a dudas

Asistió al segundo año de primaria

273

Se escapaba siempre

Su pasión era la pesca y la caza

Por momentos me preguntaba

¿Qué tiempo le queda a la fauna?

En esta empresa tenía fieles aliados

Un brioso cuyo apodo el noble

Su perra mariposa

Y un carromato apodado el siete pechos

Donde arrastraba fauna y flora silvestre

Cuando lo veía venir por el camino real en su carromato

Orgulloso, corteza caliente, magnate de la venta

Era el azote de los animales

Ponía nasas a los camarones

Botín: cautivos amarrados, mojarras, iguanas y anguilas.

Un buen día nos embarcamos en "El Jarocho"

Incomodo, en penumbra el viaje

Un abrigo de Saltillo y en el D.F., un flan y gelatina

Pero ese hombre impredecible… era mi padre

Recuerdo una moneda de veinte en Día de Reyes

Tenía cuatro años, me sentí millonario

Toda mi capital en galletas de animalitos

¡Ésta acción la tengo tan grabada, padre!

En escuálidas conversaciones

Me enseñó a contar hasta el quince

¡Qué extraño! Jamás dialogue con él.

No tiene un montículo, cruz o epitafio

Donde pudiera ir a visitarlo cada día de muertos

En otras palabras se extravió su féretro.

Lo encuentro en la sombra nebulosa de mis sueños

Pero es tan distante, que sólo escucho su eco.

Abuelito Juan

Mi héroe de ayer y siempre
Compinche de aventuras
Mano solidaria constante
Experiencia a manos llenas.
Gracias hasta el infinito, abuelito
Hacedor de mi infancia, insuperable
Perdona mi proceder atafagado
Si tu autoestima, vulneré alguna vez.

Todavía palpita en mi mente
Caminando Montana, al paralelo
Proverbios, tiempo edificante
Abriste la caja de pandora ¡y cómo te extraño!
Hoy me enteré, te has marchado
Llora mi mente, alma y espíritu
Revivirte quisiera de inmediato
Imperecedera oración a tu virtud.

Honrado, noble mil sin discutir
Responsable de la cuna hasta la médula
Reitero las gracias, abuelito, por existir
Alabanza, mar de llanto, tu irreparable pérdida.

Amiga

Agradable y callada navega por la vida, amiga
Porque, ¿sabes qué?
Tus ojos son dos saetas de ébano
Esculcando el horizonte paradisiaco
Llanura febril, sabana árida
Iris insondable
¡Lucero!

Agradable y callada navega por la vida, amiga
Porque, ¿sabes qué?
Tus gráciles manos
Son átomo de mercurio en ebullición
Titanes, energía cinética insaciable
Maravillosa luz, roca ígnea estable.

Agradable y callada navega por la vida, amiga
Porque, ¿sabes qué?
Tu Hermosa sonrisa es remanso
Algo extraordinario
Vuelo emprendedor de paloma sigilosa
Fortaleza donde Sor Juana irradia.

Agradable y callada navega por la vida, amiga
Porque, ¿sabes qué?
Tu negra cabellera es brisa refrescante
Canto de ruiseñor en la madrugada
Contienda de olas en la alborada.

Agradable y callada navega por la vida, amiga
Porque ¿sabes qué?
Tú silencio es Demóstenes en cuestión
De Newton la gravedad
De Einstein la ecuación de la relatividad
Benigna filosofía, materia prima de viento y vida.

Agradable y callada navega por la vida, amiga
Porque, ¿sabes qué?
Un rostro colérico es un aguijón pinchando el corazón
Niña, beldad impredecible
Día gris, manos y mentes mancilladas
Terrible.

Amigo, hermano jornalero

Por la 16 y la Dayton, del *Down Town*
He visto hoy a mi entrañable hermano
Voltea hacia mí, esboza una sonrisa
Luego se agacha, esconde su miseria
Se agacha y un ¿por qué? No encuentro
Si su trabajo es loable, honesto
Cayos en sus manos, maltratadas
Obra interminable, cotidiana

Siempre, soldados prestos, en sitio
Esperando al empleador
Cuando cumple la llegada
Su ánimo, molécula emocionada
Muchas veces ni les pagan
Los dejan a su suerte a la distancia
Sus derechos humanos, trasquilados
Su autoestima, bagaje en subsuelo

¡Pinche, maldita América!
De maquinas de odio creadora
Si tuvieras un hilo de conciencia
¡Entérate! Son manos de mundos constructoras.

Un apóstol de la justicia
Harold Hasso sin lugar a dudas
Minsun Ji, "La Coreanita" ¡Que valores!
Emir, Jesús y demás a conocerlos, señores.

Amigo, hermano jornalero, !tú puedes!
Arrojo fortaleza, de nuestra raza proviene
No te hinques, no supliques, ni te avergüences
¡Créetelo, eres ente con infinidad de valores!
Estás en *Down Town*, 16 y la Dayton
Sin importar las inclemencias del tiempo
¡Pinche, maldita América! De nueva cuenta
¿Qué buscar el sustento honesto, es pecar de criminal?

Amigo, hermano jornalero
Conrado, artista de alcances insospechados
Este diciembre, Dios los bendice
Enviándoles "Maná" para que se regocijen
No desmayes en tu lucha amigo, hermano jornalero
Sigue sin tregua, tu afán y tu camino
Y como dijera un tal Cubano-Argentino
No claudiquemos, hasta conseguir la victoria.

Annabelle

Mi amor de adolescencia

Que no olvido jamás

Y aunque enorme tramo se interpone

Más te añoro, cuanto te amo.

Recuerdo como si fuera ayer

Tu primer beso, me hizo enloquecer

Palpar tu piel, acurrucarme en tu regazo

Fuiste mi afrodita, mi universo.

Tu cabello, simpatía de limeña

Fabuloso numen, mi quimera

Ahora estoy en este país extraño

Mi afán estrecharte, mi dama pretérito.

Recorriendo las calles del barrio

Asidos de sendas manos

Reflejando infinita felicidad

Eres sublime, bella Annabelle.

Hoy te encontré en el internet

Hablar contigo, me hizo tanto bien

Te amo como no tienes idea

Deseo reiterar, nuestro idilio, la odisea

Centavito

Lo amparan tres nacionalidades
Nació estadounidense
En territorio Guanajuatense, adolescencia
Capricho de su corazón, Colombia.
En Tarimoro, Guanajuato, hizo de las suyas
Bailaba con los sauces, organizaba
Improvisador nato.

Súperman, amigo, que lejos te estás quedando
Catador y admirador exquisito
Del arte culinario mexicano
Y el menudo, ¡qué le duraba!
Insignias en su solapa guardaba.
Las tortas, burritos y cerveza
En su menú no podían faltar
Comer y presentar al unisono
Ni Velasco en su apogeo lo hizo.

Aquél 21 de marzo, el solsticio
Acarició su sueño
Quedó en pretérito, lustros quizás décadas
Emoción, lágrimas, caravanas en sus mejillas

En el escenario

Porte de José Alfredo

Con guayabera Yucateca

Diseñada por un tal Chagal

En platica de remesa, una vez

Tu merito no reconocía la gente

Te mencioné, no te preocupes, Centavito

Tu estrella tirita desde hoy en el firmamento.

Escudero de mil batallas

Sencillo de plática amena

Organizando, ya sé, es tu fervor

En Colombia, antesala del paraíso

Multitudes te añoran en Denver

Jinete de a caballo blanco, en calle

Cariñoso, apasionado, abuelo

De nietos, centinela de tiempo completo

Conejo, escudero, Centavito

Sé, que estás bien ocupado

Marchando todo viento en popa

Celebrando, bicentenario de Latinoamérica.

Cheque

Nombre primero, Ezequiel

En el bajo mundo, cheque

Bonachón y dicharachero

Niño grande y tierno el pelao.

De mil usos se desempeñaba

Los oficios que tenía e inventaba

Ejemplar, eléctrico matemático

En el muelle, furibundo escribano.

En su rodada 24", metamórfica

Beodo, orate se desplazaba

De cerveza y tequila, preñado

En la Avenida Guadalupe Victoria, engarabitado.

Cámicas de la vida y el tiempo

Lo encontraba de improviso

Sarcástico manifestaba:

"Una chebechita Patraquita"

Filantrópico, en salón septuagenario

De toda generación, ejemplo

Altruista, gran personaje

Cruel, desdichado su bagaje.

Todavía palpita en mi mente
Tu inmisericorde muerte
Cheque, noble amigo, ¡que malditos!
Tu sonrisa vulneraron.

No deberían llamarse seres humanos
A los que tu barco naufragaron
No les bastó una puñalada
Sino 18 en cuerpo y espalda.
No me explico todavía
Por qué asesinar con tanta saña
Asesinos, desquiciados, dementes
Reír, al gritar tu sangre, muerte.

En el noticiero tu ocaso infeliz
Hasta hoy te lloran sin dimitir
Lágrimas, palabras de condolencia
A inseparable esposa y familia.
Cheque, amigo del alma
Vi a mi padre reflejado en tu alma.
Permíteme escribir en tu epitafio
Aquí yace, el amigo… imperecedero hermano.

Contrato Maestro 2012 en Denver, CO.

Susurran, gesticulan, anuncian
La prensa y los noticieros

Que no hay tiempo que no se cumpla
Conserjes, a renovar contrato maestro.

Susurran, gesticulan, anuncian
la prensa y los noticieros
En Houston la policía represiva
Arrean el caballo contra un *janitor*.

Susurran, gesticulan, anuncian
La prensa y los noticieros
¡Atosigar con miedo es la estrategia, que locura!
Que arrestar a manifestante de más de 100 años.

Susurran, gesticulan, anuncian
La prensa y los noticieros
En los Estados Unidos esta es la democracia
Su crimen, reclamar sus derechos.

Susurran, gesticulan, anuncian

La prensa y los noticieros
Janitors en pie de lucha
La cita en la 17th y Welton.

Susurran, gesticulan, anuncian
La prensa y los noticieros
Salarios de hambre ¡ya basta!
Justicia y dignidad, es el reclamo.

Susurran, gesticulan, anuncian
La prensa y los noticieros
Citlali de California
Lideresa en toda la extensión.

Susurran, gesticulan, anuncian
La prensa y los noticieros
Los neo-fenicios no quieren firmar
Mendigos, voraces y despiadados.

Susurran, gesticulan, anuncian
La prensa y los noticieros
En la metrópoli mostramos tarjeta roja
Si el 1% niega la firma plasmar.

Susurran, gesticulan, anuncian

La prensa y los noticieros

Janitors, Mateo y Mónica.

Pasión, vida un sólo corazón.

Susurran, gesticulan, anuncian

La prensa y los noticieros

Huelga de hambre a los Dioses invocan

María, Amada, Arcelia, todos *janitors.*

Susurran, gesticulan, anuncian

La prensa y los noticieros

Ánimo, encomios de solidaridad

¡Hasta la victoria caudillos!

Susurran, gesticulan, anuncian

La prensa y los noticieros

La batalla se torna internacional

Pero éste 29 de junio Denver se tiñe de morado.

Susurran, gesticulan, anuncian

La prensa y los noticieros

Deja la televisión bufones y chicas de plástico

Hoy es tiempo del contrato maestro.

Susurran, gesticulan, anuncian

La prensa y los noticieros

A las calles, hermanos y hermanas

A la cumbre, llevaremos la victoria.

Susurran, gesticulan, anuncian

La prensa y los noticieros

Quejarse después, será en vano

Razones tenemos de sobra, somos el 99%.

Contrato Maestro

Los de Denver, despierten
Éste 30 de junio, dejemos el luto
No más cadáveres
Invisibles, congénitos.

Sí a la huelga de hambre
Sed de justicia y respeto
Solidaridad de Paul López
Elena, guitarra y Corazón.

Firmes aunque no marchen
Los policías, enojados
Paralizada la 16th y Broadway
Chabelita, Blanca ¡Qué lujo!

A las 11:30 A.M. aproximadamente
Fragua en la urbe de hierro
Rascacielos, titanes confidentes
Hecatombe en el 1%

De morado el contingente

Niños, centro humanitario

La Señora de la silla ¡Qué edificante!

Me movió el tapete ¡Os lo juro!

De zumba y a tambor batiente

En bridón cabalgando

En la cima, cante mi gente

Cuatro años más de contrato maestro.

El 30 de junio casi al amanecer

firmaron los neo-fenicios.

Esculpimos en piedra y mente

"El pueblo unido, jamás será vencido

Somos el 99%"

Desgracia fatal

Hace tiempo que fui a la sierra

Y parece que fue ayer

Ahí existía una familia

Una familia amiga, que ya no es.

Con los conyugues platiqué

Con los niños me ilustraba

Desgracia inimaginable

Porque ellos, no existen más.

La madre murió de angustia

La niña con sonrisa de ángel

El niño vistiendo pequeña aureola

El padre de inanición, hambre y sed.

Dantesca, sufrida impresión

Inmerso dolor en mi humanidad

Rojos, vidriosos mis ojos

Mi cerviz, manifestando benignidad.

Con impotencia te cuestionaba

Padre, Señor, Dios del cielo

¿Por qué la gente humilde y sencilla?

Rindo a tu nombre y tu poder hondo culto.

Más esta suplica, resulta inútil
No hay un resquicio, tropieza el eco
No existirá, anacoreta humilde e infeliz
Suplicándote Señor, Todopoderoso.

Infortunio, gorda y amorfa, vive
Sin un abrazo, sin una palma
Y busca abrojos, flor o laurel
Dónde revolcar melancolía.
La brida, no está sujeta
Tenaz el fuste en brioso cuaco
¿Qué hará el corcel en libertad?
Estela de Sangre, aliento vomitando.

De nueva cuenta, mi Dios eterno
¿Por qué los entes de alma buena?
A ti alabanzas, de corazón llenos
Siguen náufragos, en mar de tinieblas.
Sus oraciones, ciertas, sinceras
Su fatalidad, ya toca abismo
Pienso que un día, quizás mañana
No más hincada la miseria, ni fiel lacayo.

Diego

Confidente primero en el vientre
Como hidrogeno y oxígeno, unidos
Sublime madre e hijo, uno solo
Honda comunión, vetas refulgentes.

Blanca le hablaba quedo
Él al oído contestaba
Lenguaje inaudito
Dialogo en carne y alma.

En los últimos recodos del camino
Pataleaba y suspiraba
A deshora a su ama despertaba
Efluvio de sol, estela de mar su arribo.

En sus encuentros consigo misma, Blanca
Lo visualizaba, una bomba atómica activa
Jugando a los encantados con sus amigos
Toalla en la espalda, héroe de la humanidad.

Mil acertijos que descifrar
Será doctor o hombre culto

Dejémosle esto al Divino Señor.
Comerciante, escritor, filosofo quizás.

Creo que será activista, dijo su padre
Convivió con ecos de libertad
Blanca, acotó enérgica
En las manos del Ungido su menester.

Nació, trae un mensaje del Divino
Hincapié, alegría desbordante
En casa y cualquier rincón notable
De álgidos, personajes conocidos.

Cuando balbuceó mamá y papá
Se le celebró con denuedo
Hoy navega en barco acorazado
Entonces Diego es capitán, la estrella.

El loco de la alameda

¿Cuál sería su origen?

No lo sé, nunca le pregunté

Muchos de él huían, le temían

Al andrajoso, con traje aristócrata.

Fétido, borracho de palabras

Mil y un personajes actuaba

Mariposa, ave o soldado raso

De Beethoven, camarada de años.

Pasaba lista a grito en pecho

A transeúntes, arboles y jilgueros

Observando meticulosamente

Que no se ausentara nadie.

Biblioteca ambulante, a paso redoblado

Recitando la Ilíada de Homero.

En ocasiones embustero, prepotente

Otras vulnerable, dermis de ángel

Audaz marinero, naufragó

En mares de árboles y concreto

De tu exitoso pasado, no comentaste

Amabas la lluvia con suspiro y piel.

Alguno que otro te daba un socorro
Augurándoles mirada del sacramentado
Después los dividendos los repartías
Con pedigüeños que te circundaban.

A las 6:00 A.M. te levantabas
En la iglesia del Cristo, nos convocabas
Emitías la "Diana" militar sonido.
Ahora te creías el Juan soldado.
Que batallaste con Pancho Villa
En la contienda, toma de Celaya
Estuviste en todas partes, pintoresco
Pincelada de Veracruz, el puerto.

Con cara meca, sonrisa de niño
Loable, del puerto peregrino
Gracias por adornar mis tardes
 Cielo y nube, de los habitantes.
Actor sin tiempos ni salario
En Todo mundo existe uno
Incompleta sería mi infancia
Si desfallece el cuerdo de la Alameda.

297

Grandes amigos

Malanga y Domingo
Eran inseparables amigos
De la banda, miembros asiduos
En la callejuela 7 de junio.
De Malanga, decir puedo
Ausente del deporte, retraído
Insipiente criptógamo
A decir verdad, de abolengo.

Ermitaño fue Domingo
Crispante, corajudo
En su faz se deslumbraba
Ni fulgor de sonrisas, palpitaba.
A la tía de Malanga
La conocí en la cantina
En compañía del bohemio del barrio
Cuando apenas tenía siete años.

Blacinda, nombre de batalla
Cuya hija de apodo "La Araña"
En el pretérito acaeció la tortura
En Veracruz, popular colonia.

Acuclillado en la esquina
Agua y arena semejaban
Los vi alejarse alegres
Ecuánimes, hijo y padre.

En la esquina de la 7 y Collado
Inmutable e impávido.
Enfrente de mí aterrizaron
Apasionados, discutieron.
Malanga en sus manos, sostenía
A Kalimán, revista popular
Diferentes los observé esa tarde
Obesos de marihuana y aguardiente.

De repente, Domingo saca el estilete
20 puñaladas en el abdomen
De muerte se tiñe la callejuela
Malanga, expira en la escalinata.
A borbotones el líquido vital
La tarde crepuscular iluminaba
La esquina, yo, los chinos y Kalimán
Testigos oculares del ocaso de Malanga.

Lassie mexicano

Hábitat original
Donde el termómetro
Se torna gélido pétreo
Guliver, vida paralela.
 Monstruoso, gigantón
Cabeza enorme de ciclope
Ecuación con mastodonte
Imaginativa de Homero.

Del hemisferio norte
En Volkswagen lo transportaron
En Orizaba, Veracruz, años mozos
Esculpía ternura a flor de piel.
 Hocico, hígado de porquerizo.
Dilecto e impecable traje
Color blanco pistache
Ojos desorbitados, manos, feroz felino.

Enamorado como un burro
Disfrutaba canciones de Pimpinela
El Buki, Joan Sebastian y Shakira
Asiduo religioso los domingos.

Entretenido como enano

De abajo hacia arriba

El Paricutin o Pico de Orizaba

¡Qué le dilataba al coloso!

Troglodita de océanos

Veinte pescuezos de gallina

Dos cubetas de horchata

Y para el postre un huequito.

El muy sinvergüenza y cínico

Se emborrachaba con tequila

En el bar de Olga y Lidia

Declamaba a las meseras "bien pedo".

Trotamundos como nadie

Dos meses le duró el gusto

Conmigo en Acapulco

Heraclio, de acción y obra constante.

Incondicional, leal, honrado amigo

Ancianos, niños, por supuesto, de mujeres

A los "azulejos" les hacía ver su suerte

Emblema del barrio fuiste... Lassie mexicano.

Leo

Integérrimo con los libros
Serio noble y solidario
Cuadro de honor en la E.T.I #26
Ingeniero Acuicultor más después.
Prudencia e inteligencia
Te transportó a Europa
Con conocimientos mil
De inmediato a Miami.

En la ranchería San Julián
Testigos de primera empresa
Criaderos de camarón y langostinos
Sueño, lo hiciste operativo.
Te acuerdas, integro amigo
En la Alameda, caminando
Gastando suela y palabras
El trineo de los pichones lo derrumbaba

Sitiábamos a la farmacia
Con coca cola y barritas
La charla interminable
Nos despertaba el luto de la calle.

Planetas y cosmos lloren
Ha caído excelso hombre
Que amó a la vida porteña
Como él amó más nadie.

Camarada, infante y adolecente
San Agustín en ti presente
Una flecha asesina, envenenada
Te vulneró, piel, hueso y vertebras.
 Rasguño, arañó, revivirte quisiera
Con las manos del Cristo, mágicas
Mi locura infame, impostergable
4 cirios, llantos, féretro y tú inerte.

Hoy cortan Leo, materia de tajo
Lastimándote, entraña y aliento
Y a la muerte, recrimino maldiciéndola
Maldita-mil, ella y su guadaña.
Competente, no hay sicólogo
Odio a todos, con demencial estado
Entre andrajos, mi espíritu sin rumbo divaga
En la luna, tu cara, Leo, hermano de infancia.

Miriam

En Down Town, Denver en la biblioteca
Mirando la lluvia a través del cristal
Gotas de lluvia, quizá el roció
Lágrimas que emanan de tú corazón.
Gotas de lluvia, yo sé, no es el rocío
Pena honda, en el limbo divagando
Inexplicable, difícil la contienda
Bello amor, cáncer entre sabanas.

De parte de ti, cobardía mil
Porque a destiempo, si ya no me querías
Te regalé las más bellas de mis poesías
Y hasta hoy, fuiste novia mía.
Manojo de mañas, tu proceder
Del alba hasta el atardecer
Miriam, lo nuestro no fue especial
Lógicamente, todo tiene un final.

Un guiñapo en tus manos, para ti
La monotonía, una daga dentro de mí
Quiero mantener la ecuanimidad
No responde mi fuerza locomotora.

Grandiosos momentos contigo apelan

De tu mano, aliento juvenil, a la secundaria

Paraguas, saquito café y maná del cielo

Bendiciones del sacramentado.

Lloré por ti, como no tienes idea

En lo oculto, como decía mi tía Elvira

Es de hombres llorar por una mujer

Por supuesto, espíritu y savia te entregué.

Yo eterno soñador, plebeyo

Tu: doncella de los pies hasta el cabello

Mis dedos en tu pelo de "Gringa"

Plasme rubricas, en tu de cuerpo de poema.

Minerva decía, con acierto

Que del estudiante, la novia

Muy escasas las posibilidades

Desenlace feliz, matrimonialmente.

Zenobia: a lo mejor futura suegra

Entiendo, no fue todo miel sobre hojuelas

Quisiera saber, preguntarle al filósofo

¿Por qué se fue toda la felicidad, de estos tus brazos?

No sé

No sé por qué a mis padres
Les llaman criminales
Si desde que tengo uso de razón
Valores incalculables traen en su alma
Trabajar como el que más y sencillez
Es la rúbrica que marca su piel
Mi pregunta a quienes los acusan es
¿Qué buscar el bienestar es un crimen?
Qué decepción y tristeza siento
Al ver este gobierno de conciencias, muerto
Vejaciones, maltratos al por mayor
Valores morales, no están en su vocabulario
Luego entonces, al ejecutivo, demócratas
Y republicanos les importa un bledo
El sufrimiento comunitario.

Estos legisladores de ambas cámaras
Tienen raciocinio o están descerebrados
No se dan cuenta que al emitir estas leyes
Discriminatorias y sin ningún fundamento
Están violando tratados y leyes internacionales
De lo más sublime que son los derechos civiles

Y principios ortodoxos de la carta magna

En lo que va de su mandato, Obama

Dos millones de inmigrantes deportados Separación de

familias, inocencias quebrantadas

Daño psicológico con efecto irreversible

Al presente y futuro de este nuestro país

Niños, Ciudadanos Americanos.

Obcecado, no quiere detener las deportaciones.

En nuestro tiempo, señores, ¿a esto le llaman justicia?

Herodes se quedó corto

Él de tajo cortaba el sufrimiento

A nosotros nos matan a cuenta gotas

Con la separación familiar, cruel y despiadada

Ecuánime, el holocausto ni imaginar

Ni a los talones, nuestra situación

Ensañándose con ciudadanos inocentes

Lo último del descaro, acuden a la iglesia

Rezan, con golpes de pecho imploran a Dios

En nuestro continente nos llaman extraterrestres

Nos acusan de lo mismo que adolecen

Pero acuérdese señor presidente

De sus promesas de campaña

En su mandato "Reforma Migratoria"

Con nuestra gente tiene una cuenta pendiente

Ahora es demasiado tarde

Nuestros padres arriesgaron sus vidas

Cruzando las fronteras

Buscando un horizonte mejor

En el trayecto había fieras desalmadas

Ya en los Estados Unidos

Todos quieren hacer leña del árbol caído

Enriqueciéndose a costa de nuestros pulmones

Salarios de hambre, discriminaciones

Y para no pagarnos, nos amenazan con "La Migra"

Luego nos acusan de no pagar impuestos, de criminales

Mi conciencia reprueba estos hechos deleznables

Aun decepcionado, imploro al eterno que los perdone.

Pericles

Nuestro gato no fue un gato cualquiera, ¡no!

Tuvo la pasividad de un filósofo

Heredó la sapiencia

De Grecia las lumbreras.

Nuestro gato no fue un gato cualquiera, ¡no!

En vaguilla de plata, sus sagrados alimentos

Con su lánguido caminar

Hacía suya la vía Láctea.

Nuestro gato no fue un gato cualquiera, ¡no!

De color gris cateado

Con sus uñas asido a mi cintura

Le hacía un redondel a la luna.

Nuestro gato no fue un gato cualquiera, ¡no!

En vida un prototipo

El holocausto no le impactaba

Lo veía como aberrante, desatinada.

Nuestro gato no fue un gato cualquiera, ¡no!

La envidia no estaba en su vocabulario

Platicaba con espectros y planetas

¡Qué fina persona! En su trato pura miel.

Nuestro gato no fue un gato cualquiera, ¡no!

Desde hoy conversa con Platón

Un puñado de cariños y ternuras

Al esparcirlos era toda una locura.

Nuestro gato no fue un gato cualquiera, ¡no!

Nunca le faltaron pertrechos

Era abundante y elocuente

Como Sófocles, dice la gente.

Nuestro gato no fue un gato cualquiera, ¡no!

Para ronronear no tenia tiempos

Morfeo, su Dios predilecto

Nostradamus para vaticinar, corto se quedo.

Nuestro gato no fue un gato cualquiera, ¡no!

No tenía ínfulas de gran señor

Respeto y humildad al mundo esparció

Valores extraviados en algún rincón.

Nuestro gato no fue un gato cualquiera, ¡no!

Su partida fugaz y trágica

Si lo quiero ver busco la dulzura

Hoy declama un poema con Sócrates y Neruda.

Quince primaveras

He sido testigo de la metamorfosis que has sufrido, Reyna

Hoy dejas juegos de pubertad para convertirte en muñeca

Cargas, mudanzas, te esperan como ser humano

Junto a ti como centinela, en momentos aciagos

Princesa, hoy que cumples 15 primaveras

Del cielo un vals escucharás y de belleza te vestirás

No lo harás con mucha entereza, de eso estoy seguro

Tu beldad natural, es bello Don, que el eterno te heredó.

Desde tu cuna por tu piel de ala, mirada tierna te identifico

Eres mi ángel que camina por la calle con dulzura y talento

Todo lo que tus maravillosos ojos ven lo engalanan

De ti estoy sumamente orgulloso, hija mía.

Eres efluvio de luna, valiosa palabra de consuelo a tiempo

Sublime persona, leal confidente, de Dios mi regalo mejor

Al estar contigo, al sueño me entrego serenamente

Te convertiste en mi rubí, mi diamante refulgente.

Al saberte feliz, regocijo opresa mi mente, hija

Mi cielo, cuando escucho tu nombre, con todo rima

Y en ti, convergen todo mi pensamiento e ideas

En entes que la gloria alcanzaron, en felicidad infinita.

Veracruz inolvidable

Ranchero de nacimiento
Porteño por adopción
Desde tiempos inmemorables
Ambiciosas, potencias imperialistas
Aterrizaron orates egoístas
La tres veces heroica, fue carne de cañón
Del héroe Azueta, los restos
Descansan en el panteón.

Veracruz, echemos atrás el tiempo
Cuando leche, carbón, buñuelos
En caballo o carreta se repartían
Con la peculiar cantadita
¿Qué le damos marchantita?
Tamales, Queso fresco en hoja de plátano
Volovanes en canasta calientitos
¡Ah qué Veracruz, cuánto te añoro!

Eso sí, bien enterada la gente
Se voceaba por las calles el "notiver"
Era de los humildes, el periódico
Una vez concluido y enterados

Nos dejaba los dedos manchados
Los fines de semana, al zócalo o malecón
A caretear, padrotear o degustar
Una rica nieve de los "güeros."

Cuantas veces con "Chesito" al mandado
Al unidad veracruzana o mercado Hidalgo
Jamás podré olvidar a las "putas" de Reforma
Nacozari y Cuatro Ciénegas.
De Veracruz, eminentes vestigios
San Juan de Ulúa y el fuerte de San Santiago
Fueron mudos confidentes
Del benemérito, como famoso huésped.

Y qué decir de los melandros de la "Guaca"
Junto a las colonias circunvecinas
Que como reloj y religión
Una "Cascarita" a Martí o al playón
Horizonte de atletas, en las madrugadas
En el concreto de la costera
Noctámbulos teporochos y pentabolas
Alrededor del palacio municipal.

Veracruz y tranvía tradicional
Amarillo *dandy* recorriendo la ciudad
"El Zaragoza o el Villa Bravo"
Innumerable veces de colado
Dijo, Juan Pablo II, el Papa
Sólo Veracruz es bello y su capital Jalapa
De inmediato un ofendido contestó:
Lo dijo de puro pico
Porque no hay lugar más bello que Tampico.

¡Ah qué mi puerto aquél y no vuelves!
Cuando se acercaba el atardecer
Aun rememoro a las vecinas
Con sus naipes, café y lotería.
De inmediato una tertulia
De la danzonera del sotavento
Chucho El Roto y tres patines
De los radioescuchas los más populares.

Olvidarme no puedo
Del cantante del cucurucho
Arriba del Ortiz Rubio o Díaz Mirón
De la sonora callejera ¡waoo!
Con ímpetu, ¡qué folklore!

Ciudad por demás resguardada
Por un tal policía "Villita"
Con pito, macana y rodada 27"

A golpe de calcetín y sol inclemente
A partir de la 1:00 P.M se voceaba "la tarde"
Era común ver aglomerado el puerto
Esperando su "lechero" y jugando dominó
Genios, locos, poetas en el Café "La Parroquia"
Componiendo al mundo en diatribas
A veces veracruzanos ilustres
Roberto Avila y el flaco Celio González

En Marzo el legendario carnaval
Donde la plebe se congrega
Tanto nacional como internacional
En muchas ocasiones el norte no dejaba disfrutar
Los desfiles de comparsas y el rey feo
Nada detenía a chavalos y viejitos
A danzonear con la del Sotavento
En el parque "Zamora" sábados y domingos.

Pasar por alto, no podemos
A los hombres pintorescos

El nato e inigualable beisbolista
De la avenida General Miguel Alemán
Y al loco que recorría La Alameda
Enfrente del A.D.O., la central camionera
Donde parvadas de pichos
Nunca faltaba un regalito

Mis ojos de lágrimas se nublan
Al surcar uno que otro recuerdo
Era orgullo nacional, celebrar cada año
Con sus posadas y quema del año viejo
Con "El Buchito" improvisábamos una rama
Con dos globos, un farol y dos piñatitas
Listos a cantar las "naranjas y limas"
En la alameda Díaz Mirón y La fogata.

El Flaco Veracruzano, músico y poeta
Hijo dilecto, Agustín Lara
Escribió "Veracruz", canción titulada
Por Toña La Negra, magistralmente interpretada
Patraca nació en La Venta, Municipio de Purga
Estas rimas dedican humildemente al puerto
Con hemoglobina del alma y corazón
Desde un lugar de su destierro.

A despertar

A Centavito Feliz

Despierta hermano Colombiano
Deja atrás complejo y ataduras
No permitas más violencias
Ni derramar sangre entre hermanos.

Peregrinar en tus montañas ¿por qué?
Libertad e instinto de supervivencia
Construyamos un legado de paz
Al unísono todos al desarme.

Que sin temores goce nuestra descendencia
De su país y sus bondades
Pueblo trabajador, honrado, de noble gente
Y nuestras mujeres, motor que nos impulsa.

Un alto al fuego, pueblo colombiano
Arriba la hermandad y solidaridad
Objetivo primordial de nuestra existencia
Colombia te espera con las manos abiertas.

317

Derechos civiles

Día, hora y lugar equivocados
Tres veces me sitio *la migra*
Mis compañeros corren despavoridos
Hice caso omiso, en paz me dejan.

A la cárcel 99 compatriotas
Pagar una fianza, seguir un proceso
Deportación de cualquier forma
Ni hablar, somos indocumentados.

Platicando con un nativo de los Estados Unidos
Me aborda un agente de *la migra*
Nos exige permiso de trabajo
El perfil racial nos delataba.

Suerte de principiante, la segunda vez
El nativo le mostró su *green card*
Le pregunté en ingles ¿qué?
La olvidé, vamos por ella a mi casa.

En la Calle Ocho y la Colorado
No nos deja de hostigar *la migra*

El comandante del pelotón
Me señala que quiere una entrevista.

Preguntas en aluvión
¿Dónde está tu *driver license*?
¿Y tu *social security number*?
Los dejé en casa, le contesté.

Mi identificación está en el coche
Enfrente del *Seven Eleven*
Esposado, me acompañó un oficial
Regresamos, un silencio abismal.

Rompí el hielo, me dirigí al comandante
¿Por qué estoy esposado? ¿Cuál es mi delito?
Has violado mis derechos cinco veces
Terminó su sarcasmo y musitó.

Tú estás capacitado para vivir en los *United States*
En un juicio justo, te voy a denunciar
Al polizonte ordenó abrir el portón
Y al Señor quítale las esposas.

Deja libre a mis amigos de trabajo

Volví de nueva cuenta a manifestar
Deja que ellos reclamen sus derechos
Y agregó: "La libertad es tuya, tómala"

Deja libre al que me da el aventón
Por enésima vez a la cargada
Contestó, te llevara el polizón
Salí respirando tristeza.

El oficial seguía perplejo
No se explicaba mi libertad
"Usted fue un hombre con suerte hoy", dijo
Le respondí: quizás… quizás…quizás.

Dosquebradas

Trozo de tierra, infinito piélago
Sitiadas de hermosas montañas como gigantes
Descansa en balcones que permite
Ver una franja al fondo.

Se divisa la ciudad de Dosquebradas
Lomas y admirables cafetales
Praderas y montes, donde existe
Abanico de colores, maravillosas gamas.

De verde de todos los tonos
Arcoíris que irradian e iluminan
La diafanidad de nuestras almas
Y contagian al corazón.

Elementos climáticos e hidrografía
Belicosidad y tranquilidad contrastando
A los guadales los observamos
Cual péndulo, cuna de niño.

Olas de mar, barbas de anciano
Se respira el ambiente, después la calma

¡Qué paz y armonía! El sol brilla
Inyectando brillantes efluvios.

Tierra de ninfas, trabajadoras pujantes
Inmortalizadas en su himno nacional
Mano amiga, Dosquebradas nos espera
Solidaridad, azúcar de trapiche y aroma de café.

Dulce

Quisiera hallar Consuelo
En sola presencia tuya
Cuánto abrigo esta esperanza
Te encuentro en cada suspiro caustico
De esta noche infinita, desollada.

Me persigue tu silueta desnuda
Y olor a tierra mojada de tu nívea piel
De mi alma, no he podido arrancarte
Ni de los besos, por el camino real
Y yo tan lejos del pueblo que me vio nacer.

Desbordante ternura hacia ti
Te evoco y de mí te apoderas
Y la desolación me asesina
Estampa labriega, criatura frágil
Dulce, voluptuosa mujer

En medio de un mundo cruel
Muerta la ley y desolado
De fealdad y miseria colmado
Mientras mi raciocinio inflexible

Mi cobardía te dejo en el monte calvario.

Inolvidable amor de provincia

¡Ah cuánto tiempo hace!

En instantes de soledad renace

Horada mi sien con saña

No hay pócima para olvidarte

Gráciles y torneadas piernas

Ternura de Mirada campesina.

El doblar de las campanas

Qué tristes tañen las campanas
Se esparce un fúnebre, tétrico eco
En las rocallosas de Colorado
Y por ende ¡oh cuanta amargura!

Escenas dantescas, escalofriantes
El noticioso nos da la mala nueva
Se enlutase la Unión Americana,
Se rinde tributo a los estudiantes.

Ese 20 de abril del 1999
En Columbine High School
Se suscitó, crimen masivo
Fenecen vidas inocentes.

La población en general se pregunta
Cuál fue el móvil de los estudiantes
Que los incitó a tal masacre
Y todavía no hallan respuestas.

Lo cierto, se perdieron talentos
La ficción superó a la realidad

325

Entonces surgieron héroes de guerra

E indestructibles guerreros con armas 9 mm.

En el universo estela de condolencias

La nieve de rojo se tiñó

Da a esta juventud sabiduría ¡oh Señor!

Y que éste episodio, no se repita jamás.

Hermoso cielo

Quisiera amarte, cuerpo celestial
Alma de querubín que seduce
Sensualidad que aniquila,
Ruiseñor que me pierde.

Me embeleso en tu entrega
A tu voluntad, cual badajo
Qué exquisitez tu forma de amar
Masa inerte en tus manos.

Ángel celestial, mi Minerva
Quizás del cielo caíste
Afrodita de mis quincenas
En tus piernas, un títere.

Somos uno, llegamos al clímax
Depósito cigoto de lodo
Otro orgasmo, cuerpo de diosa
Qué placer, viento sigiloso.

Fabuloso placer clandestino
Satánico cómplice, la noche

Eres ajena y omito mi juicio
Amo tus medias negras y el hotel.

Del día, pan prohibido
Regia Rosa con espinas
Una vez más sin prisa el momento
Ya lo sé, soy un pelafustán.

Un pedigüeño ¡pero, qué suerte!
Tantos deberes y tú sin atención
Dejo libre tu camino, mujer sublime
Déjame padecer en el purgatorio.

La bestia

Caballo de acero en paralelas
Viajantes de Centroamérica
Incógnitos en gran número
Historias de dolor y sufrimiento.

Sin mediar consecuencias
Arribar a la tierra prometida
Su objetivo los Estados Unidos
Y abrazar el sueño americano.

Vía crucis del infierno ¡pero es de admirar!
Los migrantes en tierra Azteca
Carne de cañón de la corrupción
Maras y gentes sin escrúpulos.

Viaje en condiciones infrahumanas
Asaltados, mujeres violadas
Pan con lo mismo cotidianas
Recargan la pila, quieren alcanzar la meta.

Montados en el lomo del caballo
Se duermen, los vence el cansancio

Y la sorpresa al despertar
Infortunio, piernas cercenadas.

Último recurso, el tren de la muerte
Hambre y falta de oportunidades
Un mañana mejor para sus familias
Aunque apuesten su existencia, su vida

¿Hasta cuándo esta situación? ¿Quién actuará?
Balanza desigual US. Y Latinoamérica.
Ayer Juan, entre lagrimas, sueños rotos,
Prótesis... un héroe más que lo intentó.

Nostalgia

Sentado a la vera del río, miraba
Como la corriente y el tiempo
Rápidamente incesante pasaba
Pero un dejo de amor, un olvido

¡Oh Dios de mi vida! Una novela
De mi vida con velocidad se repetía
En el caudal, partituras de desamor
Cuitas de amor de tiempos idos.

Qué niñez y qué juventud
Aventurero de locura
Y por un instante la nostalgia
Un recuento de amoríos.

Desperté de mi embeleso
Y noté, que la corriente
Ese flujo esencial no regresaba
Igual que ilusiones del corazón.

Amnésico, un coma profundo
En el caudal apareciste tú

331

Con beldad geométrica,
Y en un beso de tornillo.

Un chispazo de bujía, como de rayo
Me despertó de nueva cuenta
Te perdiste en el horizonte
Y contigo mis recuerdos, ¿te veré?

Sé que en la mar de la esperanza
Tus labios y cuerpo de poema
En el malecón de los enamorados
En el vaivén de las olas, resurgirán.

Sonia

Anhelo constante de pasión

Aferrarme a tu cúspide

No importando el precio

Estira mi vena, galopante sangre

Ambicionado clímax

¡Qué consuelo!

Exhausto, último suspiro

Arrancarme las ansias no he podido.

Ignoto sueño al aguzar la pupila

En penumbra, entre escombros

El monje se irguió de nueva cuenta

En las tinieblas tu figura adivino

Vapores sofocantes

Pero a su vez, perfumes embriagantes

Voluptuosa piel, altisonantes gemidos, senos turgentes

Todo tu vaho con sabor a océano.

Abundantes gotas de mar

Salpicando tu versátil cuerpo

Al abismo me uno en tus Colinas

Despeño uno que otro obstáculo

Sitio tu surco enmarañado

Lascivia, lenguaje exquisito.

Bebo con desdén emanante néctar

Delicioso almíbar, me abastezco

Transpiras dulce cicuta

En el cenit de mi garganta... me agoto

Hoguera con leño ardiente

Excesivo aumento de furor

Desollo, desfloro continuamente

Ya después, al unísono... orgasmos.

Cenizas, chispeante fuego

Arremeto en movimiento trepidante

Ráfaga, estallido de trueno

Maravilloso multicolor instante

Hacernos uno, aunque sediento

Esta carga apasionada... Sonia

Rueda incesante, proceder suicida.

Guerrero, valiente cámicas

No importa que mis infatigables anhelos

Me desgarren el glande... Sonia

Henchido tu sombra persigo

Deseo sofocar tu llamarada

Tus pasionales lágrimas, y después

Tu bálsamo al labriego salvaje bañas

Eternamente agradecido, bendita mujer.

Thanksgiving a la mexicana

Con puntualidad británica
A la casona, uno por uno
La guardia pretoriana nos recibió
Felinos siameses, ¡qué miradas!

Se gesta diálogo culinario
En la cocina, bellas alquimistas
Deja que el ajo reviente, una pizca de sal
Qué difícil ponerse de acuerdo.

Para aliviar la situación
Busco afanosamente
De Petronila, la mirada insondable
Me ofrece un giño de regalo.

El anfitrión, en sendas manos
Cerveza, tequila y aguardiente
Y en la Mesa, flores inertes
Hipocresía y el besamanos.

En la sala ¡qué chiquillada!
La custodiaba Jesuso

En la cocina seguía el diálogo
Entre Venus y su adorable Petronila.

En el ambiente olor a pozole
Jesuso corre despavorido
Con un seis, arriba un general De Lucio.
Y Petronila continúa el sexo con mi pie.

Llegó tarde, Nachiuas
Andaba persiguiendo a Jepeto
De la cárcel de trapo, libera a los prisioneros
Da respiro a sus aliados de madera.

Empezamos a entrarle al menú
Pozole, pico de gallo, salsa y tacos dorados
Y para el desempance
Cerveza y uno que otro *alipús.*

En repetidas ocasiones
Sale de la casona el panadero
A quemarle las patas a Cuauhtémoc
Bien *high,* al dueño de la casona le riñe

Con el etílico hasta los pies

Discusiones, los ánimos se encienden

Batalla campal de los comensales

Panadero contra el gen del guerrillero.

Entre manotazos y pellizcones

Además la algarabía de la chiquillada

De la madriguera, cucarachas en protesta

Nos sitian un horizonte de gatos.

El último chisguete de Lucio Cabañas

Desguaza la pata de la mesa en su aterrizaje

Jesuso y La Ropero arremeten

Gulliver negro, estupefacto nos observa

Con el conato de bronca a cuestas

La Hermana incomoda de Gorbachov

Le hablaba en ruso, al general De Lucio

Y el susodicho en español la enamoraba.

En la hora de su partida

La Hermana incomoda de Gorbachov

Y con ella el túnel del tiempo

Las mismas llaves, hora y chamarra.

337

Se repite la película

El samaritano, más amargo que el ajenjo

Y la Hermana incomoda de Gorbachov

Pernocta con el ejército de alimañas.

Maldito licor, maldito vicio

Mi pupila dilatada, ¡qué culpa!

Pechos turgentes, gruñidos de Petronila

Abdomen al viento, paso por alto insultos.

A Nachiuas se lo tragó el alcohol

Al monte calvario quería caminar

No con Simón sino con Afrodita

No estaba tan perdido el muchacho.

Empecé como a las ocho de la mañana

Contratado por el mayor de Denver

Para pegar en las esquinas carteles

Y así termina otro Thanksgiving a la Mexicana.

Several Issues:

Patraca

(Poems written from November, 2013-October, 2014)

To My Mother

Mother, girl and lady from my eyes

Mother of the universe, infinite absence

Sparrow, panther, clairvoyant, ant

Sentinel and providential oratory

Alienated is the undefeatable warrior.

Eagerness defending her cubs, a cat

Saving crumbs to supply in the winter

Basket of bread in her head

Ten kilometers of dirt, with the sun on her back

Eyes, feet and withered sweat on your forehead

Mother, where did you get so much energy from?

I remember as it were yesterday

The ordeal of exile show

You cared about with zeal, valuable heirlooms

Pewter Coffee Table

With innocence I asked you why you preserved them

Now is the best we have,

Tomorrow God will provide.

Your happiness, endless dawn

By the river, railway station and anywhere

Folksinger of revolutionary songs

Exponent of sayings and proverbs

For example, when I was sick you said things like:

He who still eat and piss, must not be as sick

Maybe the devil will believe your lies!

Or "do not take off the coat until May 16th"

You Aristotelian or doubt!

When you turned a century

Diabetes and gangrene took over, taking one of your legs

I called you to give incentives

The echo of your heart responded

"I am wandering since I was born, I lost a leg

But I'm still breathing"

I thought cheer and I left benefited

342

It only remains to express yourself

You are a living example, mother

Your philosophy from the college of life and darkness

Your buddy, affable, easy and gift of people

Dealing with an "eye of a gringa", you multiplied fish

Then fed a thousand generations

Short a century, full moons, sometimes saying "I love you"

Stunned, kind and illiterate, Mother, " Mary" is your name

And your last name Carmona ... thanks for life

For your noble teachings and for your existence.

To My Father

Yoked into him from dawn ... alcohol

Riding his horse between superfluous talks, immovable

Purga and La Venta

Grasped the plow, pike, whip and coa

Untamable peripatetic in his land, grateful

To himself he would say: this year is ours son!

To the side of the road in the rural ranch of La Vental

Our house surrounded with palm kernel.

The Guamúchil bloomed in September

That was the side of the house and around it, a plum tree

Where in the evenings Don Chema sharpened his machete

From close range his partners would watch him carefully

With perplexity

Trainer of wild horses, rancher, farmer undoubtedly

Attended the second grade in elementary

He used to ditch school to follow his passion

For fishing and Hunting

At times I wondered what time is there left for wild life?

In this he had faithful allies and a dog nicknamed Noble

He had a mule wagon nicknamed seven breasts

Where he dragged wild fauna and flora

When I saw him coming along the main road in his wagon

He looked like a proud tycoon of La Venta

He was the scourge of the animals

He placed shrimp tramps in the ocean

Healso caught tilapias and eels.

One day we embarked on the "Jarocho"

Uncomfortable, foggy trip

A coat of Saltillo and in Mexico City a pudding and yellow

But this unpredictable man was my father

I remember a twenty-peso coin on *Día de Reyes*

I was four years old and felt like a millionaire

I spent all of it in animal crackers!

I have this memory so engraved in me, father!

In squalid conversations, he showed me how to count to 15

How strange! I never conversed with him

There is no mound for him, a cross or an epitaph

Where I could go visit him every Day of the Dead

In other words his coffin was lost.

I find my father in the hazy shade of my dreams

But he is so far, that the only thing I hear... is his echo.

Grandpa Juan

My hero of all times
Inseparable, sound advice
Constant helping hand
Experience in full hands.
Thanks to infinity, Grandpa
Maker of my childhood, insuperable
Forgive my inappropriate proceed
If you self esteem, I ever violated.

Still throbs in my mind
Walking Montana, the parallel
Proverbs, and uplifting time.
You opened Pandora's Box, and how I miss you!
Today I found out that you're gone
Cries my mind, soul and spirit
Would immediately revive
Evergreen prayer to your virtue.

Honored noble thousand without discussing
Responsible for the cradle to the core
I reiterate, thank you Grandpa for existing
Praise sea of tears, your irreparable loss.

Female friend

Nice and quiet
Browse through life, friend
Because, you know what?
Your eyes are two ebony arrows
Searching the heavenly horizon
Febrile plain, arid savanna
Unfathomable Iris
Lucero!

Nice and quiet
Browse through life, friend
Because, you know what?
Let your graceful hands be
Mercury, atom boiling
Titans, kinetic energy insatiable
Wonderful light, igneous rock stable.

Nice and quiet
Browse through life, friend
Because, you know what?
May your beautiful smile be
Backwater, something extraordinary

Entrepreneur, stealthy flight, dove
Fortitude, where Joan of Arc rays.

Nice and quiet
Browse through life, friend
Because, you know what?
Your black hair is
A refreshing breeze every day
Singing nightingale at dawn
Strife wave in the dawn.

Nice and quiet
Browse through life, friend
Because, you know what?
Silence is you
Demosthenes concerned in Newton's gravity
Einstein's equation of relativity.
Benign philosophy, raw wind and life

Nice and quiet
Browse through life, friend
Because, you know what?
An angry face is
A sharp thorn pricking the heart

Lost girl of unpredictable beauty

Grey day, soiled hands and minds…

Terrible.

Friend, Brother, Laborer

In down town, 16th and Dayton
I have seen my dear brother today
Turns to me, draws a smile
Then crouching, hiding his misery
 Squats and why? I cannot find
If your work is commendable and honest
Keys in his hands, battered
Endless work every day

Always ready soldiers in site
Waiting for an employer
When complies arrival
His spirit becomes an excited molecule.
 Many times they don't pay them
They are left to themselves, in the distance
Their human rights, shorn
His self esteem, baggage in basement.

Damn America!
Machines of hatred
If you had a thread of consciousness

Learn! They are hands that build worlds.

An apostle of Justice

Harold Hasso undoubtedly

Minsun Ji "the little Korean" What great values!

Emir, Jesus and others to know, gentlemen.

Friend, brother, laborer you can

Bravery, strength of our race comes

Do not kneel, beg or be ashamed

Believe you are a being with infinite values!

 In Down Town, 16 and Dayton

Regardless of the weather

Damned America! I call again

Where seeking honest livelihood is sinning and being a
criminal.

Friend, brother, laborer

Conrado, artist unsuspected reaches

This December, God bless

Sending "Manna " to be rejoiced

 Do not be dismayed at your fight friend, brother, laborer

Continue unabated , your way and your efforts

And like the Cuban- Argentinean said:

No falter, to the victory!

352

Annabelle

My love of adolescence

I will never forget

And even huge stretch comes between

I still miss you, I still love you.

I remember as if it was yesterday

your first kiss drove me crazy

Probe your skin, cuddle up in your lap

You were my Aphrodite, my universe.

Your hair, sympathy from Lima

Fabulous muse, my chimera

Now I'm in this strange country

My desire to hold you, my lady from the past.

Walking the streets of the neighborhood

Holding forth both hands

Reflecting infinite happiness

You're sublime, beautiful Annabelle.

Today I found on the internet

Talking to you, did a lot of good

I love you as you have no idea

I wish to reiterate our idyll, the Odyssey.

Penny

Three nationalities protect him

He was born in the United States

In Guanajuato, Mexico is where he left his adolescence

And Colombia whim of his heart.

In Tarimoro, Guanajuato he lived life

He danced with willows

He was an improviser

Superman, friend, you're running away.

Taster and exquisite Fan

Of Mexican cuisine

And often, that it lasted

Badges kept on his lapel.

Tortas, burritos and beer

Their menu could not miss

Food and presenting in unison

Neither Velasco did in its heyday.

On March 21, the solstice

I stroke his dream

I remain in the past tense, perhaps decades

Excitement, tears on his cheeks and caravans.

On stage
Portage de José Alfredo
With a Yucateca guayabera
designed by one Chagall.

In talks remittance once
People did not recognize his merit
You mentioned, do not worry, penny
Your star shines in the sky today.
Scudder thousand battles
Simple to good talk
Organizing is your fervor

In Colombia, gateway to of paradise
Crowds long for you in Denver
A white horse rider in street
Affectionate, passionate, grandfather
Grandchildren, guard full time.
Rabbit, Scudder, penny
Is that okay busy
Marching all smooth sailing
Celebrating the bicentenary of Latin America.

Check

First name, Ezequiel
In the underworld, Check
Of good will and chatty
A big boy and a tender fellow
 Man of a thousand traits
The things he did, he invented
Exemplar electrician, mathematician
At the dock, a mad writer

In his wheeler 24' metamorphic
Drunk, lunatic, he moved
Of beer and tequila, impregnated
At Guadalupe Victoria Avenue, he levitated.
 Downfalls of life and time
Would find him unaware
Sarcastic, he manifested:
"A little beer, my little Patraca"

Philanthropic, septuagenarian
Example of all generations
Altruistic, a great character
And cruel, of unhappy talk

Your unmerciful death
Still beats in my head
Ezekiel, my noble friend, which damned!
Your smile they violated.

They shouldn't call themselves human beings
Those who wrecked your ship
A stab wasn't enough
But eighteen in chest and back
I can't explain myself
How they can murder with such infamy
¡Assassins, insane, mad men!
To laugh at the scream of your blood

To read the news of your sad ending
Until this day we cry your death
Tears, words of condolences
To your wife and family
Ezekiel, beloved friend
I saw my father in your soul
Let me write your epitaph
Here lays my friend, my undying brother.

Master Contract in Denver CO, 2012

They whisper, gesture, announce
Press and news
No time, noncompliance
Custodial master contract renewal.

They whisper, gesture, announce
Press and news
In Houston, repressive police
Horse herd against a janitor.

They whisper, gesture, announce
Press and news
Harass with fear is the strategy of the crazy!
Protester to arrest more than 100 years.

They whisper, gesture, announce
Press and news
In the U.S. This is democracy
His crime, to claim his rights.

They whisper, gesture, announce
Press and news

Janitors in struggle
Appointment at 17th and Welton.

They whisper, gesture, announce
Press and news
Starvation wages, "enough"
Justice and dignity, is the claim.

They whisper, gesture, announce
Press and news
Citlali from California
Leader in all extension.

They whisper, gesture, announce
Press and news
The neo – Phoenicians are unwilling to sign
Beggars, they are greedy and ruthless.

They whisper, gesture, announce
Press and news
In the metropolis we are showing a red card
If 1% refuses to sign.

They whisper, gesture, announce

Press and news
Janitors, and Monica Mateos.
Passion, life, one heart.

They whisper, gesture, announce
Press and news
Hunger strike, to invoke the Gods
Maria, Amada, Arcelia, all janitors.

They whisper, gesture, announce
Press and news
Let go, encomiums of solidarity.
"Until victory caudillos "

They whisper, gesture, announce
Press and news
The battle becomes international
But this June 29th Denver is dyed in purple.

They whisper, gesture, announce
Press and news
T.V. leaves jesters and plastic girls
Today is time for the master contract.

They whisper, gesture, announce

Press and news

To the streets, brothers and sisters.

To the top, take the win.

They whisper, gesture, announce

Press and news

Complain later, it will be in vain.

We have plenty of reasons, we are the 99%.

Master Contract

Everyone in Denver, wake up!
This June 30th, let mourning
No more corpses
Invisible birth.

Yes to the hunger strike
Thirst for justice and respect
Solidarity for Paul Lopez
Elena, guitar and heart.

Firm but not march
Cops, angry
Paralyzed 16th and Broadway
Chabelita and Blanca what a treat!

At 11:30 in the morning
Forge iron in the city
Skyscrapers, Titans, confidants,
Catastrophe at 1%

Purple quota
Children, humanitarian center.

The chair woman, what uplifting!
She moved my soul, I swear!

Sumba and drums beating
Riding on bridle
On top, my people singing
Four more years of master contract.

June 30, near dawn
The neo-Phoenicians signed
Sculpted in stone and mind
"If we as people, get united,
We will never be defeated,
we are the 99%"

Fatal Misfortune

Some time ago I went to the mountains
And it seems to have been yesterday
There was a family
A family who no longer exists.
With my spouse, I talked
With children, I illustrated
And unfortunately, unimaginable
For all, they no longer exist.

The mother died of anguish
The girl with angelic smile
The child wearing a small halo
The father died of hunger and thirst.
Horrible memories
Immersed pain in my heart
Red, my eyes glazed over
My neck, showing kindness.

Helplessly I questioned
Father, Lord, God of heaven.
Why humble and simple people?
Makes your name and your power, deep worship

But this beg is useless
There is no crack, stumbles echo
There will be a humble and unhappy hermit
Begging to you Lord Almighty.

Misfortune, fat and amorphous lives
Without a hug, not a palm
And looking thistles flower or laurel
Where wallowing melancholy.
The flange is not subject
Tenacious in the stem horse spirited
That will make the steed, released
Bloodshed, breathe vomiting.

Again, my eternal God
Why good souls?
To you praise, full of heart
Castaway still in sea of darkness.
My prayers, true, sincere
His fate touches abyss.
I think that one day, maybe tomorrow
No more kneeling to misery.

Diego

He was her little confident while still inside her womb
Like hydrogen and oxygen, they were united
Sublime mother and son together
Deep communion glistening streaks.

Blanca talked to him softly
He answered in silence
Unheard language
Dialogue between flesh and soul

In the last turn of the road
kicking and sighing
He woke up his mom at the wrong time
Scent of sun, smell of the ocean at his arrival

In their encounters with herself
Blanca visualized him as an active atomic bomb
Playing the delighted with friends
Towel on her back, hero of humanity.

A thousand riddles to decipher
Will he be a doctor or an intellectual?

Let him be what that the Divine Lord wants
Merchant, writer, philosopher, perhaps.

I think that he will be an activist, his father said
He lived with echoes of freedom
Blanca agreed energetic
In the hands of the anointed, his need.

He was born, bringing with him a divine message
Overflowing joy
At home and any noticeable corner
In flashpoints, familiar characters

When he babbled the words mom and dad
It was celebrated with joy
He travels in a battleship
Captain Diego is the star.

The Madman of Alameda

What would his origin be?

I don't know, I never asked him.

A lot of people ran away from him, they feared him.

The ragged man, with aristocrat's suit.

 Fetid, drunken in words

One thousand and one characters he acted

Butterfly, bird or private soldier

Beethoven's old lost friend.

Roll calling out loud

To pedestrians, trees or mocking birds

Watching carefully

No one would leave.

 Moving library, marching

Reciting Homer's Iliad

Sometimes a liar, arrogant

Other times vulnerable, dermis of an angel

Audacious sailor, shipwrecked

In a sea of trees and concrete

Of your successful path you didn't comment

You loved the rain with sigh and skin

Somebody would help
While you predicted the gaze of the sacred one
After that you'd share the dividends
With the panhandlers that surrounded you

At twenty to six you'd wake up
In Christ's church you'd gather us
You'd blow reveille military sound
Now you'd think of yourself Juan soldier.
 Which fought against Pancho Villa
In the battle, The Invasion of Celaya
You were everywhere, picturesque
A paintbrush from Veracruz, the port.

With stupid face, a child's smile
Praiseworthy, from the pilgrimage port
Thank you for embellishing my evenings
Sky and clouds, of the inhabitants
 Actor without schedules or salary
There is one in every place
Incomplete would be my infancy
If the lucid one from Alameda... died.

Great Friends

Malanga and Domingo
Were inseparable friends
Regular band members
In the alley on June 7.
Of Malanga, I could say
Not a sport guy, withdrawn
Incipient, indeed
But a good old friend.

Domingo was a hermit
Grating, courageous
In your face, glaring
Neither glow nor smiles.
I met Malanga's aunt
At a local bar
Accompanied by the bohemian neighborhood
When he was seven years old.

Blacinda, *nom de guerre.*
Her daughter, whose nickname was "Spider"
It felt like torture
In Veracruz, a popular neighborhood.

Squatting down in a corner
looking like water and sand
I saw them walk away happy
Serene, both like father and son.

In the corner of 7 and Collado
Immutable and undaunted.
They landed in front of me
They discussed passionately.
Malanga held a magazine in his hand
It was the popular Kaliman
They looked different then
Obese from alcohol and pot

Suddenly Domingo pulls out a knife
20 stabs to the abdomen
Death stained the street
Malanga died on the steps.
A vital liquid spurts
The late afternoon twilight
The corner, the Chinese, Kaliman and I
Eyewitnesses to Malanga's Sunset.

Mexican Lassie

Original habitat
Where the thermometer
Gets cold as a stone
Gulliver, parallel life.
 Monstrous, giant
Huge Cyclops Head
Equation with Mastodon
Imaginative Homer .

Northern Hemisphere
In a Volkswagen I transported him
In Orizaba, Veracruz was his early life
Sculpted skin, deep tenderness.
 Muzzle, pig liver.
Beloved and impeccable suit
White pistachio
Wide eyes, huge hands, ferocious feline.

He loved like a donkey
He enjoyed songs of Pimpernela
Joan Sebastian and Shakira
Regular religious Sunday.

Entertaining as dwarf

Bottom-up

The Paricutin or Pico de Orizaba

It will dilate the colossus!

Cave of oceans

Twenty chicken necks

Two horchata trays

And for dessert a little emptiness.

The very shameless and cynical

Got drunk with tequila

At the bar of Olga and Lidia

He recited poetry to the waitresses

the good old lad

Globetrotter like no other

Two months hard a taste

Me in Acapulco

Heraclius, action and constant work.

 Hardcore, loyal, honest friend

Elderly, children, women of course

For the "tiles" made them see their luck

A Mexican emblem you were, Lassie.

Leo

Irreproachable with books
Noble and solidarity, serious
Honor roll at the E.T.I # 26
Agriculture engineer later.
Prudence and intelligence
You are transported to Europe
With knowledge, thousand
Miami immediately.

In the hamlet San Julian
Witness's first company
Shrimp and prawn hatcheries
Sleep you made operative.
I remember completely, friend
Walking at the Alameda
Spending sole and words
The trill of doves, it collapsed

We besieged to the pharmacy
With coca cola and candy bars
The endless chatter
We wake, mourning the street.

374

Planets and cosmos, they cry

It has fallen exalted man

I love harbor life

As the master, no one else.

Comrade, child and teenager

Saint Augustine is present in you

An assassin arrow, poisoned

You are infringed, skin, bone and vertebrae.

Scratching life, desperately trying to revive you

Hands of Christ, magic

My infamous urgent madness

Four candles, I'm crying, and your are dead.

Today Leo's life is cut

Hurting, involved and discouraged

Death, cursing

Damn thousand, she and her scythe.

Competent, not psychologist

I hate everyone, with insanity

Among rags, my mind wanders aimlessly

On the moon, your face, Leo, my brother of childhood.

Miriam

In Down town Denver, at the library
Watching the rain entirely by the glass
Raindrops, perhaps sprinkled
Tears, emanating from your heart.
Raindrops, I know, is not spread
Deep sorrow, wandering in limbo
Unaccountable, hard match
Beautiful love, cancer between sheets.

On behalf of you, cowardice thousand
Because late challenge, if you no longer wanted me
I regale the most beautiful of my poems
And today, you were my girlfriend.
Bunch of tricks, you proceed
From dawn to dusk
Miriam: ours was not special
Logically, everything has an end.

A rag in your hands, for you
The monotony, I inserted a dagger
I want to maintain equanimity
No answers, my locomotive force.

Great moments with you, appear
In your hand, juvenile breath, secondary
Umbrella, coffee sachet and manna from heaven
Blessings of Sacrament.

I Cry for you , as you have no idea
In the depths of darkness, as my aunt Elvira
As a man will mourn for a woman
Of course , you gave your spirit
Eternal dreamer, commoner
you: Maiden from head to toe
My fingers combing your yellow hair
Rubrics in the body of the poem.

Minerva said, rightly
That student's girlfriend
Very rare, the chances
Happy outcome, martially.
Zenobia, maybe my future mother in law
I understand, it was not all hunky-dory
I want to know, as the philosopher asked himself
Why did all happiness leave from these, your arms.

I Don't Know

Do not know why

They call my parents criminals?

Since I have use of reason

They bring incalculable value in my soul

Working like the simplicity and more

It is the suffering that marks your skin

My Question is who to accuse

Is looking for a better life a crime?

Disappointment and sadness I feel

Seeing this government, of dead consciences

Harassment, mistreatment everywhere

Moral values are not in their vocabulary

Thereupon, the executive

Democrats and Republicans do not give a damn

Community suffering.

These lawmakers from both chambers

Are mindless and unreasoning

They do not realize that by issuing these laws

Which are discriminatory and without any foundation

Are violating international treaties

More sublime than that, they are civil rights

Orthodox principles of our Constitution

In that far in his term, Obama

Two million immigrants he has deported

Separation of families, shattered innocence

Psychological damage with irreversible effects

The present and future of this our country

Children, American Citizens.

But the lawmakers are stubborn

And not want to stop the deportations.

In our time, Messrs, they call this justice?

Herod fell short

As he stopped suffering in one blow

But this government torture us little by little

By separating our families, so cruel and nefarious

Fair, imagine a burnt

Or heels, our situation

Preying on abortions, with innocent bodies

Latest from the gall, go to church

They pray with chest beating imploring God

And in our continent they call us aliens

They accuse us of the very thing you lack

But remember, Mr. President, your campaign promises

In its mandate "Immigration Reform"

With our people, you have an account pending

Now, it's too late

Our parents risked their lives

Crossing borders, looking for better horizons

On the way he had soulless beasts

My conscience condemns these despicable acts

Looking back in the U.S. "all want to beat a dead horse"

Rich at the expense of our lungs

Starvation wages, discrimination, and to not pay us

They threaten to throw us the "migra"

Then they accuse us of not paying taxes and criminal acts

My conscience, condemns these despicable acts

Although disappointed I implore the eternal to forgive you

Pericles... My Cat

Our cat was no ordinary cat, no!

He had no opposition of a philosopher

She inherited the wisdom of Greek ports.

Our cat was no ordinary cat, no!

In silver tableware its sacred food

With its languid walk

To endorse the Milky Way.

Our cat was no ordinary cat, no!

I flunked gray

With her nails holding my waist

Him to a circle to the moon.

Our cat was no ordinary cat, no!

In life a prototype

The Holocaust, not impacted you

He saw it as absurd, nonsensical.

Our cat was no ordinary cat, no!

Envy, was not in his vocabulary

Spectra and chatted with planets

That fine fellow! In dealing pure honey.

Our cat was no ordinary cat, no!
From today conversing with Plato
A handful of affection and tenderness
When scatter was all crazy.

Our cat was no ordinary cat, no!
Never lacking supplies
It was hearty and eloquent
As people say of Sophocles.
Our cat was no ordinary cat, no!
I had no time to purr
Morpheus, his favorite God
Nostradamus to predict short stayed.

Our cat was no ordinary cat, no!
He had no pretensions of lord
Respect and humility to the world spread
Values lost somewhere.
Our cat was no ordinary cat, no!
His tragic shooting game
If you want to see the sweetness search
Today it recites a poem with Socrates and Neruda.

Fifteen Springs

I have witnessed the metamorphosis that took over Reyna

Today you change to become a cute doll

Loads, moving, await you as a human being

With you as a sentinel, in dark moments

Princess, just today, you come to meet fifteen springs

You'll hear a waltz from the sky and you'll dress in beauty

You will do it vividly, of that I'm sure

Your natural beauty is a beautiful gift, inherited by the

eternal.

From your crib I identify you by your wings

You're my angel, you walk down the street gently

All I see is your beautiful eyes

I am extremely proud of you, my daughter.

You're effluvium moon, valuable word of consolation

Sublime, loyal confidant, my best gift of God.

Being with you I surrender to your sleep, quietly

You became my Ruby, my shining diamond.

I know you are happy, my soul rejoices, daughter

When I hear your name is like music from heaven

And in you all my thoughts and ideas converge

Achieved by glory, in infinite happiness.

Unforgettable Veracruz

Cowboy from birth

Port resident by adoption

Since unmemorable times

Ambitious, imperialist powers

Landed selfish lunatics

The three times heroic Veracruz was a target

From Hero Azueta, his remains

Rest in the cemetery.

Veracruz, let's go back in time

When milk, coal, donuts

By horse or wagon were distributed

With the peculiar cry

What can we get you little miss?

Cheese Tamales rolled in fresh banana leaf

Hot volovanes fresh out of the basket

Oh Veracruz, how I miss you!

People was aware of everything

The " Notiver " was shouting in the streets

The newspaper belonged to the humble ones

Once completed and aware

Our fingers were left stained

On weekends , the plaza or the boardwalk

To look around.

A delicious ice cream from the " Güeros "

How often with " Chesito " to run errands

At Hidalgo, Veracruz unit or market

I can never forget the "whores " from Reforma

Cuatrocienegas and Nacozari .

From Veracruz, eminent remains

San Juan de Ulua and the Fort of San Santiago

They were silent confidants

From the glorious, as famous guest.

And what about the melandros from " Guaca "

By the neighboring colonies

That as clock and religion

A "Cascarita" by Marti or Playón

Skyline of athletes at dawn

At the concrete cosatline

night owls, Teporochos and pentabolas

Around the City Hall.

Veracruz and traditional tram

385

Yellow dandy touring the town

"Zaragoza and Bravo Villa"

Innumerable times casting

Pope John Paul II, said

Veracruz is just beautiful and its capital Jalapa.

Immediately an offended one answered:

He said it without meaning it

Because there is not a better place than Tampico.

Oh beautiful port, when will I return?

When dusk approached

I recall the old neighbors

With their cards, coffee and lottery

Immediately a gathering

From the leeward danzón

Chucho el Roto and three skates

Among the most popular radio listeners.

I cannot forget

The cornet Singer

On top of Ortiz Rubio or Diaz Miron

from the Street Music, wow!

With momentum, what a folklore!

City well protected

By a policeman called "Villita"
With a whistle, baton and shot 27 "

A coup sock and harsh sun
From 1:00 P.M. the evening was called
It was common to see the port so busy
Awaiting for the milkman while playing dominoes
Geniuses, madmen, poets at La Parroquia Coffee Shop
Composing the world in rants
Sometimes illustrious men of Veracruz
Roberto Avila and Hardy Celio González

In March the legendary carnival
Where the rabble congregated
Both national and international
Often kept enjoying the north
The parades on the streets with the ugly king
Nothing stopped the youngsters nor the older folk
To dance with the band
At the Zamora Park on Saturdays and Sundays.

Ignore, we cannot
A picturesque men
The unmatched baseball native

From Miguel Aleman Avenue
and the crazy running along the Alameda
Across from the bus station
Where flocks of doves
There was always a gift.

My eyes are clouded with tears
When memories appear
It was national pride, to celebrate each year.
The Christmas celebrations and the symbolic "burning" of
the old year
With "Buchito" we improvised
With two balloons, two piñatitas under a light post
Ready to sing the "oranges and limes"
In the mall "Diaz Miron" and the campfire.

The Veracruz musician and poet
Beloved son, Agustín Lara
He wrote "Veracruz"
By "Tona La Negra" Masterfully interpreted
Patraca, was born in La Venta, Municipality of Purga
These rhymes are humbly dedicated to the port
With heart and soul
From a faraway place ... in exile.

Wake Up

Wake up Colombian brother
Leave behind complex moves and bonds
Do not allow more violence
No more bloodshed among brothers.

Pilgrimage to your mountains… why?
Principal objective of our existence
Build a legacy of peace
In unison let's all vow for disarmament.

May our descendants rejoice and enjoy
Their country and their benefits
People, working noble people
And our beautiful woman

A cease to fire, Colombian people
Top brotherhood and solidarity
Primary objective of our existence
Colombia is waiting for you with open hands.

Civil Rights

Day, time and wrong place
Three times I was cited by " La Migra "
my companions run in terror
I ignored they, they leave me alone.

99 fellow men to jail
Make bail, start a long legal process
Deportation anyway
We are undocumented.

Talking with a U.S. native
An immigration agent approaches me
He demands for our working permit
Racial profiling betrayed us .

Beginner's luck, the second time
The native showed him his "green card"
I asked in English, what?
I forgot it, let's go to my house and get it.

On 8th Avenue and Colorado
The "Migra" stopped harassing us

The "platoon commander"
Says he wants to interview me.

Questions alluvium
Where is your driver license?
What about your social security number?
Left them at home, I replied

My identification is in the car
In front of the Seven Eleven
Handcuffed, an officer escorted me
We Returned, an abysmal silence.

I broke the ice, I talked to the officer
Why am I handcuffed? What is my crime?
You have violated my rights five times
He finished his sarcasm and muttered.

You're able to live in the U.S.
In a fair trial, I'm going to sue you
He then ordered the cop to open the gate
And to take the cuffs off me.

Free my working comarades too

I spoke out

Let them claim their own rights

And added, "Freedom is yours, take it"

Free the one giving me the ride

For the umpteenth time

He answered, the cop will take you

I left breathing sadness.

The officer was still perplexed

He couldn't explain my freedom

"You were a lucky man today "

I replied, maybe... maybe ... maybe.

Dosquebradas

Piece of land, infinite ocean
Besieged by beautiful mountains, like giants
It rests in balconies that allow
View a strip beyond everything.

City Dosquebradas can be seen.
Hills and wonderful coffee plantations
Meadows and mountains, where there is
A range of colors, wonderful beaches

Green of all shades
Rainbows that illuminate
The clearness of our souls
And spread to the heart.

Climatic elements and hydrography
Bellicosity and tranquility contrasting
We observe the city
Like a baby cradle.

Waves of the sea, old man's beard
You can breathe calmness in the ambiance

393

What peace and harmony! The sun shines
Injecting bright energy

Earth of nymphs vigorous workers
Immortalized in their national anthem
Helping hand, Dosquebradas awaits for us
Solidarity, sugar mills and the rich smell of coffee.

Dulce

I would like to find Consuelo
In your sole presence
As I cherish this hope
I find you in each caustic sigh
Of this endless night, flayed.

Your nude silhouette follows me
And the smell of wet soil of your snowy skin
I can't tear you off my soul
Nor from the kisses from the Royal Road
And I, so far away from the village of my birth.

Overflowing tenderness towards you
I reminisce and you take over me
And desolation kills me
Peasant print, fragile creature
Sweet , voluptuous Woman

In the midst of a cruel world
Desolation and despair
Filled with ugliness and misery
While my inflexible reasoning

My cowardice left you on Mount Calvary.

Unforgettable love of province

Oh, it's been so long!

In moments of reborn solitude

Drilled my temple viciously

There is no magic drink to forget you

Graceful and shapely legs

Tenderness of a peasant's look.

Bells Tolling

How sad the bells toll

A funeral spreads, gloomy eco

In the Rockies of Colorado

And therefore, oh how much bitterness!

Gruesome, chilling scenes

The television gives us the bad news

Us is in grief

Tribute is paid to students.

That April 20, 1999

At Columbine High School

A hideous Crime was perpetrated

Innocent kids lose their lives.

The general population asks themselves

What was the motive of students

That incited to such slaughter

And still there are no answers.

Indeed, talents were lost

Reality surpassed fiction

War heroes rose up

Indestructible warriors with 9 mm handguns

In the universe, a long list of sympathetic voices

The snow was stained red

Lord, give this youth wisdom!

And may this episode is never repeated.

Beautiful Heaven

I would like to love you, celestial body
Angel soul, who seduces
Sensuality that annihilates
Nightingale losing me.

I rapture in your arms
To your will, which clapper
How exquisite is your way of loving me
Inert mass in your hands.

Heavenly Angel, my Minerva
Maybe you fell from heaven
Aphrodite of my fortnights
Between your legs, a puppet.

We are one, we arrived at the climax
Zygote mud deposit
Another orgasm, goddess body
What a pleasure, stealthy wind.

Fabulous clandestine pleasure
Satanic accomplice, night

you're foreign to me at times
I love your black stockings and the hotel.

Forbidden bread of the day
Pretty rose with thorns
Once more leisurely time
I know, I'm a ragamuffin.

A beggar but a lucky one!
So many duties and you are so unattended
Your path is free now, sublime woman
Let myself succumb in purgatory.

The Beast

Parallel steel horse
Central American Travelers
Unknown in large numbers
Stories of pain and suffering.

Without repairing consequences
To get to the Promised Land
Is their their goal, the United States
And embrace the American dream.

Hell ordeal but admirable!
Migrants in Aztec land
Cannon fodder of corruption
Maras and unscrupulous people.

Traveling in subhuman conditions
Assaulted, raped women
Bread with the same daily
Wanting to achieve the goal.

Mounted on the back of a steel horse
They sleep, fatigue overpowers

And the big surprise on awakening
Misfortune, severed legs.

Last resort, the train of death
Hunger and lack of opportunities
A better tomorrow for their families
Although they are betting their existence ... their lives.

When will this stop? Who will act?
U.S. and Latin America an unparallel balance
Yesterday it was Juan, among tears and broken dreams
Prosthesis ... another hero that made the try.

Nostalgia

Sitting on the banks of the river, looking
As current and time
Quickly incessant passed
But a hint of love, a remembrance.

O God of my life! A novel
of my life with velocity repeated itself
In the flow, scores of heartbreak
Love troubles of the days.

What childhood and youth!
Adventurer of madness
And for an instant, nostalgia
A count of love affairs.

I awoke from my rapture
And noted that the current
That essential flow wasn't coming back
Just like the illusions of the heart.

Amnesiac, a deep coma
In the flow, you showed up

With geometric beauty

And a screw kiss

A spark as from a lightning

I woke up again

You got lost on the horizon

And with you my memories, Will I see you?

I know that in the sea of hope

Your lips and body of a poem

On the boardwalk of lovers

In the come and go of the waves ... they will resurface.

Sonia

Constant yearning for passion

Hold on to your summit

No matter the price

Stretch my vein, galloping blood

Coveted climax

What a comfort!

Exhausting, last breath

tearing anxiety I haven't been able to.

Unknown dream to sharpen the pupils

In darkness, among rubble

The monk stood up for new account

In the darkness I guess your figure

Suffocating vapors

But in turn, intoxicating perfumes

Voluptuous skin.

Sounding moans

Perky breasts.

All your fog with an ocean flavor.

Abundant sea drops

Splashing your versatile body

To the abyss I go from your hills

I clean away the obstacles

I site your matted row

Lust, exquisite language.

I drink with disdain from your emanating nectar

Delicious syrup, I supply myself

Your sweet smell

At the height of my throat ... I drown myself

Burning fire

Excessive furor

I peel you petal by petal

And then, in unison… orgasms.

Ash, crackling fire

I stomp in frantic motion

Burst, burst of thunder

Wonderful multicolor moment

We become one, although thirsty

This passionate charge... Sonia

Revolving wheel ... suicidal.

Warrior, brave

No matter if my indefatigable desires

Tear of my glans... Sonia

Swelled, I chase your shadow

in an attempt to put out the fire

Your passionate tears, and then

Your balsam, you cheerful shower

Eternally grateful, blessed woman.

Mexican Thanksgiving

With British punctuality
To the house, one by one
The Praetorian Guard welcomed us
Siamese felines! What a look!

A culinary talk starts
An the kitchen, beautiful alchemists
Lets the garlic burst, a pinch of salt
How hard it is to agree.

To alleviate the situation
I look eagerly
From Petronila, the fathomless look
She offers me a wink.

The host, with big hands
Beer, tequila and rum
And in the coffee table, inert flowers
Hypocrisy and the hand kissing.

At the living room, how childish!
Jesuso was her companion

The talk continued at the kitchen

Between Venus and her adorable Petronila.

In the room, the smell pozole

Jesuso runs in terror

With a 6 pack, Lucio came in

While Petronila continues to have sex with my leg.

Nachihuas got there late

She was chasing Jepeto

From the jail rag, she frees the prisoners

She gives oxygen to her wooden allies.

We began with the menu

Pozole, pico de gallo, salsa and crunchy tacos

And for dessert

Beer and some of the burning stuff.

On repeated occasions

The baker comes outside the house

To light up the joint

High as a kite he starts bawling with the owner of the

house

With the booze up in the sky
Discussions, tempers flare
Pitched battle of diners
Baker against Lucio.

Among slaps and pinches
And the chanting of the kids
From the wood, cockroaches in protest
We become surrounded by a horizon of cats.

The last drink of Lucio Cabanas
He broke the table leg as he fell
Jesuso and The Dresser come to the rescue
Black Gulliver stunned, watches us

With the outbreak of anger in tow
Gorbachov's uncomfortable Sister
Spoke in Russian to Lucio
In return, he enamored her in Spanish.

At the time of his departure
Gorvachov's uncomfortable sister
Engaged in the tunnel of time
The same keys. Time and jacket.

The movie is repeated
The Samaritan, more bitter than wormwood
And Gorvachov's uncomfortable sister
Sleeps with the army of insects.

Damn liquor, cursed vice
My extensive pupil, what a shame!
Perky breasts, grunts of petronila.
Belly to the wind, I overlook insults.

Nachiuas got swallowed by alcohol
To Mount Calvary she wanted to walk
Not with Simon but with Aphrodite
The boy was not so lost as they thought

As I started at about 8:00 a.m.
Hired by Denver's Mayor
To paste posters in the corners
And that is how another Mexican Thanksgiving ends.

Acerca del Autor

J.M. Patraca (Veracruz, 1964) es poeta y activista. Su primer libro *32 Biografías para Gente Sencilla* (Ícaro Editores, 2012) le hizo merecedor de reconocimiento nacional gracias a una publicación en el Denver Post acerca de su labor como activista y en especial sobre su poema de justicia social titulado "Justicia para Janitors", o "Justice for janitors".

En el 2013, Patraca publicó su segundo libro, *Rimas, Lideres: Patraca* (Ícaro Editores) poemario de protesta, historia y un llamado a la justicia social.

En el año 2014 hace su tercer entrega de poemas que tituló *Asuntos Varios: Patraca,* (Ícaro Editores), este último más personal, más íntimo. El poeta dolía por la reciente pérdida de su madre y la imposibilidad de darle santa sepultura debido a su estado migratorio en aquél entonces.

J.M. Patraca participó en el Tercer Congreso Universal de Poetas Hispanoamericanos en junio del 2014, en Los Ángeles, California, donde habló acerca de su primer libro *32 Biografías para Gente Sencilla* y recitó los poemas "Bondadosa Patria" y "La Madre de un Inmigrante."

En agosto del 2015 participó en el congreso Rincón Cove Internacional en la ciudad de Miami, Florida. El congreso se llevó a cabo en la Universidad de Florida donde presentó sus tres libros. En ese congreso recitó los poemas "Justicia por Janitors", "Lucio Cabañas" y "Zapata"

La poesía de Patraca ha sido traducida al inglés y ha ganado atención internacional debido a la originalidad de su poesía. En la actualidad J.M. Patraca vive en Colorado, donde continúa sus labores como activista y como poeta.

About the Author

J.M. Patraca (Veracruz, 1964) is a poet and an activist. His first book *32 Biographies for Humble People* (Ícaro Editores, 2012) gave him national recognition thanks to an article published by the Denver Post that talked about his work as activist and especially about his poem about social justice titled "Justice for Janitors."

In 2013 Patraca published his second book, *Rhymes, Leaders: Patraca* (Ícaro Editores) poems of protest, history and a call to social justice.

In 2014 he made his third delivery of poems he titled *Several Issues: Patraca* (Ícaro Editores), this one with a more intimate and personal feel. The poet was hurting by the recent death of his mother and the inability to be with her in her last moments due to his migratory status at the time.

J.M. Patraca participated in the Third Universal Congress of Hispanic-American Poets in June, 2014 in Los Angeles, California, where he spoke about his first book *32 Biographies for Humble People* and recited the poems "Kind Motherland" and "The Mother of an Immigrant."

In august, 2015 he participated in the international gathering of poets celebrated in Miami where he presented his three books. In that congress, he recited "Justice for Janitors," "Lucio Cabañas," and "Zapata."

Patraca's poetry has been translated into English and has acquired international attention due to the originality of his poetry. At present, he lives in Colorado, where he continues his activities as activist and poet.

CONTENIDO

Otros títulos de Ícaro Editores

Puede encontrar todos estos títulos y otros más en: **www.icaroeditores.com** o en www.amazon.com Si has escrito un libro y lo quieres publicar, contáctanos para su posible publicación. arturogarciawrites@yahoo.com

Made in the USA
Middletown, DE
25 October 2022

13426497R00255